焚き火を囲んで聴く神の物語・説教篇〈8〉

いのち果てるとも

申命記 下

大頭眞一

ヨベル新書
091

YOBEL,Inc.

船田献一牧師に

大頭眞一牧師に「贈る言葉」

登戸学寮長、北海道大学名誉教授　千葉　惠

大頭眞一牧師の全八巻におよぶ説教集が公刊されますこと心よりお祝い申し上げます。牧師が心を注ぎだしつつ日曜ごとに語られた福音とその聴衆などの方々の献身によります音声の文字化を通じての共同作業における感動の共有、これはわが国の現状のなかで大きな証と存じます。説教を拝聴したことがない身でおこがましいのですが、個人的な評ではなく「贈る言葉」をということでしたので、一般的な言葉で船出を祝したいと存じます。

説教はギリシア・ローマ世界では説得をこととする「弁論術（Rhetoric）」に属します。政治家や弁論家は聴衆の「パトス（感情）」に訴えまた「ロゴス（理論）」により訴えそして、「人格」に訴えつつ、自らが最も正しいと理解することがらを市民に説得する、その技術が弁論術です。例えば、戦争に駆り出そうとするさいには、パトスに訴え「家々は焼かれ財産は略

奪され、婦女子は……」という仕方で恐怖などを呼び起こして参戦を促しました。
大頭牧師は説教によりイエス・キリストを宣教しておられます。キリストが罪を赦す権威をもった方であり、人類に救いをもたらす方であることを聴衆に語り掛け、説得します。福音の宣教は通常の弁論術とは異なります。例えばペリクレスの場合は彼の「人格」の故に、民衆はペリクレスが言うのだからという彼の人格への信頼のもとに彼の政策を受け入れました。しかし、福音の宣教においては、ただイエス・キリストの「人格」が屹立しています。彼においてこそ、他の人類の歴史においては一度も実現できなかった正義と憐れみの両立が出来事となりました。この救い主を高らかに宣教すること、ただそれだけで、キリストの弟子でありうることただそれだけで、大頭牧師は無上の光栄ある務めであり、希望であり喜びであると日曜ごとに立ち返っておられたことでありましょう。キリストを語ること、それだけで人類が持ちうる最大の説得が遂行されていることでありましょう。

2019年10月10日

いのち果てるとも　申命記・下

目次

死を超えるいのち

聖書　申命記16章1～17節

1 アビブの月を守り、あなたの神、主の過越を祝いなさ
い。アビブの月に、あなたの神、主が夜のうちにエジプ
トからあなたを導き出されたからである。2 主が御名を
住まわせるために選ばれる場所で、あなたの神、主に、過
越のいけにえとして羊と牛を屠りなさい。3 そこでは種
入りのパンを食べてはならない。七日間、種なしパン、苦しみのパンを食べなさい。あな
たはエジプトの地から急いで出て来たからである。それは、あなたがエジプトの地から出
て来た日を、一生の間覚えているためである。4 七日間はパン種が、あなたの土地のどこ
にも見当たらないようにしなければならない。また、最初の日の夕方にいけにえとして屠っ

たその肉を、朝まで残しておいてはならない。5 過越のいけにえを屠ることができるのは、
あなたの神、**主**が与えてくださるあなたの町囲みのどこでもよいのではない。6 ただ、あ
なたの神、**主**が御名を住まわせるために選ばれるその場所で、夕方、日の沈むころ、あな
たがエジプトから出た時刻に、過越のいけにえを屠らなければならない。7 そして、あな
たの神、**主**が選ばれるその場所でそれを調理して食べなさい。そして朝、自分の天幕に戻
りなさい。8 六日間、種なしパンを食べなければならない。七日目には、あなたの神、**主**
へのきよめの集会がある。仕事をしてはならない。
9 また七週間を数えなければならない。鎌を立ち穂に入れ始めるときから、七週間を数え
始めなければならない。10 そして、あなたの神、**主**のために七週の祭りを行い、あなたの
神、**主**の祝福に応じて、進んで献げるささげ物をあなたの手によって豊かに献げなさい。11
あなたはあなたの息子、娘、男女の奴隷、あなたの町囲みの中にいるレビ人、あなたがた
のうちの寄留者、孤児、やもめとともに、あなたの神、**主**の前で、あなたの神、**主**が御名
を住まわせるために選ばれる場所で喜び楽しみなさい。12 あなたがエジプトで奴隷であっ
たことを覚え、これらの掟を守り行いなさい。
13 あなたの打ち場とあなたの踏み場から取り入れが済んだとき、七日間、仮庵の祭りをし

なければならない。14 この祭りのときには、あなたも、あなたの息子、娘、男女の奴隷、あ
なたの町囲みの中にいるレビ人、寄留者、孤児、やもめもともに喜び楽しみなさい。15 あ
なたの神、主のために、主が選ばれる場所で七日間、祭りをしなければならない。あなた
の神、主があなたのすべての収穫、あなたの手のすべてのわざを祝福されるからである。あ
なたは大いに喜びなさい。
16 あなたのうちの男子はみな、年に三度、種なしパンの祭り、七週の祭り、仮庵の祭りの
ときに、あなたの神、主が選ばれる場所で御前に出なければならない。主の前には何も持
たずに出てはならない。17 あなたの神、主が与えてくださった祝福に応じて、それぞれ自
分の贈り物を持って出なければならない。

召天者記念礼拝にようこそいらっしゃいました。今読んでいただいた申命記16章ですけれども、これは今からおよそ3500年ほど前、紀元前1500年頃に書かれたもので、その頃のイスラエルが守った三つの祭りについて記してあります。そういう風に申しますと「日本から遠く離れたイスラエルの、しかも3500年前の祭りのことをここで聞いても私に何の意味があるのだろうか。あなたは一体どうしてそんな話をしようとしているのですか」と

お思いになるかもしれません。けれども、聖書が知らせようとしているのは祭りの詳しいやり方ではありません。そうじゃなくて、それを通して「神さまがいかなるお方であるか」、「私たちの愛する方々が信じ喜び共に生きた神さまがいかなるお方であるか」ということを、聖書は教えようとしています。

一つ目は「**過越の祭り**」です。過越っていうのは「通り過ぎる」という意味。つまり「通り過ぎる祭り」。不思議な名前の祭りですが、その起源はかつてイスラエルがエジプトの奴隷であったころにさかのぼります。当時イスラエルの人々はムチで打たれ大変な重労働をさせられ、とてもひどい扱いを受けていました。当時のエジプトの支配者パロは、歴史の教科書ではファラオですけれども、ラムセス二世だっただろうと言われています。カイロの博物館にその人物であろうミイラがあるのですが、彼はイスラエルに生まれてくる男の子の赤ん坊を皆殺しにしようとしました。「男の数が増えて反乱が起こったらと困る」と思ったんです。神さまはそういうひどい扱いを受けていたイスラエルを哀れに思い、救い出そうとされました。出エジプト記の記事を読んでみますと、ナイル川の水を飲めなくしたり、エジプト中を虫や蛙であふれさせたりして、なんとか平和の内にパロがイスラエルの人々を解放するようにと促すわけです。けれども、パロがなかなか強情でイスラエルの人々を解放しようとしない。そこで神さまは最後の手段を取らざるを得なくなりました。それはエジプト中の初子《ういご》、つまり人間の子どもであろうが動物の子どもであろうが、一番最初に生まれた男の子の命を取るということでした。ひどいことのように思えますよね。神さまはどうしてそんなひどいことをするのか。でも、神さまは喜んでそういうことをなさったわけではありません。できればそういうことをしたくなかったから、九回にわたってパロを説得し続けたんだけれども、彼はどうしてもイスラエルを解き放たなかった。実はイスラエルを解放するのはエジプトのためでもあったんです。イスラエルが神さまの民として共に歩くことによって世界が救われ、世界が神さまに立ち返ることになるわけですけど、パロはそれを阻もうとした。それで神さまはどうしてもこういうことをせざるを得ませんでした。

過越という名の由来ですが、神さまがエジプトに最後の災いを送る前に、イスラエル人たちはあらかじめ神さまに教えられたとおり、家の門に殺した羊の血を塗りました。すると、そういう家の前は神さまが**通り過ぎられた**のです。災いはその家に及ばなかった。それで「過越の祭り」なのです。「羊を殺して血を塗る」とか言うとこれまた怖い話ですけど、キリスト教会は「これこそがイエス・キリストの十字架である」と語ってきました。ですから今の教会はそういう歴史的な事実を受け継いではいますが、血生臭いことは全くありません。

どうしてそのような「イエス・キリストの十字架」に重ねたような教えが必要であったのでしょうか。

私たちは皆、愛を貫くことができない一人ひとりだと思うのです。ここにいる誰一人「私は生まれてこのかた、いつでも愛を貫いて生きてきた」と言い切れる人は一人もいないはずです。愛すべき家族や友人や仲間に対して時として愛のない思いを抱き、愛のない言葉や行いを示してしまう私たち。今日は召天者記念礼拝ですけれども、先に召された方々を思うと、私たちの心にはうずくものがないでしょうか。私にはあります。「あの時こうしてあげればよかったなあ。あんな風にしなければ、よかったのになあ」って、そういう悔いがやっぱりあって、いたたまれない気持ちになることもある。私たちはずっと「ああすればよかった。こうすればよかった。私が悪かった」と思いながら生きていかなければならないんだろうか。「私のような者は幸せになる資格なんかない」と言って、胸を叩きながら生きていくしかないのか。けれども神さまは、私たちがそのようにうなだれてしゃがみ込み、背中を丸めて生きていくことを望まれない。神さまはそれを望まれない。「あなたは生きよ」と言ってくださり、そのためにあなたの愛のなさを赦す。

しかし一体誰に罪を赦すことができるのか。もし仮に、召された人々が私たちに「いいんだよ。たくさんよいこともしてくれたじゃないか、私はあなたを赦します」と言ってくれたとしても、たとえそれを聞くことができたとしても、「それでもあの時……」っていう思いは私たちの心の中にわだかまりとして残るに違いない。けれどもただひとり、罪を赦すことのできるお方がおられます。それは神さまですね。私たちにはわからない不思議な神さまの手段によって、神の子イエス・キリストが十字架にかかってくださいました。私たちの愛の足りない思いも、悔いも、自分の頭をかきむしりたくなるような悲しみも、イエス・キリストが十字架で負ってくださった。それは私たちが一生悔い続け、うなだれ続けることがないため。むしろ私たちが再び立ち上がり、仲間を愛し、残された人々を愛しつつ生きることができるため。そのために、神であるキリストが十字架にかかってくださった。何も惜しむことをなさらなかった。それはあなたが幸せになるため。あなたが喜びの中で暮らすため。あなたが愛することができるため。

今日はこの後「聖餐」の時を持ちます。聖餐は洗礼を受けた人だけが与ることができます。なので「洗礼を受けてない人がいっぱい来てるこんな日に、何でわざわざ聖餐をやるんだ」と不満を持たれるかもしれません。お招きしておいて「あなたは食べられません」というのは何だか非常に失礼な気もするわけですけれども、しかし、一つ覚えておいていただきたいことがある。それは、今日この聖餐に連なるのは、ここにいる洗礼を受けた人たちだけじゃない。そうじゃなくて、既に天に召された人々もこの聖餐に連なっている、結ばれているんです。やがて復活の時には、先に召された人たちと残された私たちとが本当に、共に食卓を囲むことになります。まだ洗礼を受けておられない方も、聖餐の間、どうかキリストの十字架に思いを巡らせていただきたいと思うんです。

さて、イスラエルの三つの祭りですが、二番目は過越の祭りから七週間後に行われる「七週の祭り」。五旬節とも申します。エジプトから救い出されたイスラエルはもう奴隷じゃないんです。もう自由なんです。そういう恵みに感謝する祭です。奴隷じゃないってことは、どういう風に生きるかを自分で選ぶことができる。もうイヤなこと、イヤな思いをする必要がない。イヤイヤ何かをする必要はない。そうじゃなくって、心が欲することを喜んで自由に行うことができる。聖書によるならば、そういう生き方の中心にあるのは「愛」ですね。義務だからしかたないと渋々するんじゃなくて「愛する」がゆえに行動していく。「愛」を動機に生きていく。聖書はそのことを繰り返して私たちに教えています。

人はみんな「世界の主人公は自分だ」と思っています。世界が演劇だとするならば、自分が主役だと思っているんです。だから他の人が自分の願いを叶えてくれなかった時、他の人が自分の気にくわないことを言った時、めちゃめちゃ腹が立つんですね。どこかで「私が主役なのに、どうして脇役のあなたにそんなこと言われなければいけないのか」と思っている。自分が主役で他の人が脇役だと思っていると、いろんなことがうまくいかない。兄弟関係がうまくいかない。家族がうまくいかない。夫婦も、会社も、学校でもうまくいかない。自分が主役だと、いつも誰かと張り合わなければならない。その結果、惨めになったりあるいは勝ち誇ったり、どっちにしてもあんまり幸せじゃない。そういう生き方に陥っていく。あるいは「あなたが主役で私は脇役」と、他の誰かを主役にするのも問題があります。そうやって他の人に依存してしまう生き方を送っている人もいますよね。

でも、「本当の主役は神さま」なんです。世界の主役は神さま。私もあなたも脇役なんです。主役である神さまが、何をどうしたら最善なのかを一番よく知っておられます。だから私たちは世界の問題の全てを背負う必要がない。私たちは先に召された方々の人生のすべてを背負う必要がない。神さまが主役であって、神さまがそこで責任を持っていてくださるからです。私たちがなすべきことは、脇役らしくそれぞれが置かれた場所で、家庭や職場や学校で仲間や家族と力を合わせて、脇役同士力を合わせて働くこと。主役である神さまの願われることを、主役である神さまの胸の中で行っていく。「どっちがたくさんやった」とか、「あなたはどうだ」とか、「あなたのやり方は気に入らない」とかそういうことじゃなくて、大らかに協力して働けばいいんです。脇役でもたまには大きなことをすることがあるかもしれません。けれども、いつもいつでもすばらしいことをしようとは思わないでください。むしろ「置かれた場所で小さなこと一つひとつにていねいに向き合って生きる」っていう生き方が、私たちにとって本当に幸いな生き方、つまり愛を注ぎ出して生きる生き方ですね。

宗教改革者ルターが、赤ちゃんのおむつを取り替えるという話をしています。最近は赤ちゃんのおむつを変えている人よりも、高齢者のおむつを替えている人の方が多いかもしれませんけれど。ルターはこう言います。「あるお母さんはイヤイヤながら、つぶやきながら、赤ちゃんのお尻を叩きながら交換する。しかし別のお母さんはこの子を自分に預けてくださった神さまに感謝しながら、喜びながら、その子を慈しみ、語りかけながらおむつを取り替える。どちらのお母さんもおむつを取り替えている。同じことです。そうなんだけれども、どちらが赤ちゃんによい影響を与えるだろうか。」小さなことです。けれども、そういう小さなことにていねいに生きるならば、そのことによってこの世界が変わる。

この世界ではみんなが「自分が主役」だと思っている。人だけじゃなく、どの国も自国が主役だと思っている。その結果、この世界はいろんなところが破れている。けれども、あなたの置かれているその身近なところから、この世界が繕われていく。それぞれが置かれた家庭や職場、地域、学校でていねいに生きるとき、それを通して世界が繕われていく。「主役が神さま」であるっていうことをよくわきまえ、主役の座を神さまにお返しするならば、神さまは私たち脇役をとおして世界の破れを少しずつ造り変えてくださいます。

第三の祭りは「仮庵《かりいお》の祭り」。庵《いおり》っていうのは住むところですが、「仮」が付くと仮小屋、あるいは仮住まいという意味になります。エジプトから解放された人々は、当時はカナンと呼ばれていた現在のイスラエルがある土地を目指しました。非常に肥沃でいろんな作物が豊かに実るという約束の地を目指して、四十年間、岩石砂漠を旅するわけです。旅をしている間は家を構えるわけにいきませんよね、明日には次の所に移動するわけですから。だからテントのような、あるいは木の枝を組んだような仮の家に住むわけです。旅人なんです。

私たちも「自分たちは旅人」ということを覚えておかなければいけません。地上の生涯はいずれ終わりを迎えます。死んだらどうなるのか。私たちよりも先に召された愛する人々はどうなったのか。詳しいことは分からないですけれども、一つだけ分かっていることがあります。それは「人は生きたように死に、死んだようによみがえる」ということです。ですから、神さまの胸の中で生きた人は神さまの胸の中で死んでゆく。そして神さまの胸の中でよみがえる。
新約聖書ルカの福音書、24章の1節から7節までをお読みします。

「週の初めの日の明け方早く、彼女たちは準備しておいた香料を持って墓に来た。見ると、石が墓からわきに転がされていた。そこで中に入ると、主イエスのからだは見当たらなかった。そのため途方に暮れていると、見よ、まばゆいばかりの衣を着た人が二人、近くに来た。彼女たちは恐ろしくなって、地面に顔を伏せた。すると、その人たちはこう言った。『あなたがたは、どうして生きている方を死人の中に捜すのですか。ここにはおられません。よみがえられたのです。まだガリラヤにおられたころ、主がお話しになったことを思い出しなさい。人の子は必ず罪人たちの手に引き渡され、十字架につけられ、三日目によみがえると言われたでしょう。』」（ルカ24・1〜7）

イエス・キリストが十字架にかかって三日の後、墓に人々が見に行くとその墓は空だった。そこで御使いがこう言うわけです、「ここにはおられません。よみがえられたのです」と。イエス・キリストは死からよみがえられました。死人の居場所は墓ですけれども、イエス・キリストはよみがえったのでもう墓にはいない。だから空なんです。私たちも愛する者たちを墓に葬ります。そして私たちもいつか墓に葬られます。けれども墓は永遠の嘆きの場所ではありません。やがてその墓が空になる時がくる。その時、私たちの愛する者たちはもうそこにはいない、よみがえったから。私たちもまたよみがえって、あんなにも愛した人々と手を取り合い抱き合って、「そうか、あなたもよみがえった。私もよみがえった。もうこれから後は決して離れることがない」と言って喜び合う、その日がまいります。仮庵の祭りはゴールをめざす旅の祭り。私たちもまた復活というゴールを目指して歩いて行きます。

今日は三つの祭りについてお語りしましたが、実はキリスト教会はこういう三つの祭りをきちんとやってるわけではありません。そうじゃなくて、毎週の礼拝でこれら三つの祭りを同時に祝っています。「もう自分を責める必要はない、もう神さまが私を引き受けてくださった」と罪の赦しを祝うことによって「過越の祭り」を祝い、また互いに愛し合うことができるようにされた、その愛を注ぎ合うことによって「七週の祭り」を祝い、またこうして共に集まり励まし合いやがて来る復活の日を待ち望むことによって「仮庵の祭り」を祝っています。

愛する皆さん、召された人のために嘆き悲しむ思いは今もあるでしょう。悲しみ、痛みの中にある私たちなんだけれども、同時に彼らが受けた、そして今も受けている神さまの祝福を祝おうではありませんか。そしてやがて来る彼らと私たちの復活を、今から楽しみに祝おうではありませんか。

短く一言祈ります。

恵み深い天の父なる神さま。こうしてこの朝、愛する方々と共にあなたの励ましのみことばを聞きました。どうか私たちを解き放ってください。そして、解き放たれた自由をもって互いをていねいに愛し合うことを助けてください。そしてそのことがほんとうにこの世界の復活と私たちの祝福の完成に繋がる、その日を共に励まし合いつつ待ち望むことができますように。尊いイエス・キリストのお名前によってお祈りいたします、アーメン。

神さまの世界

聖書　申命記16章18節～17章20節

16章 [18] あなたの神、主があなたに与えようとしておら
れる、あなたのすべての町囲みの中に、あなたの部族ご
とに、さばき人たちと、つかさたちを任命しなければな
らない。彼らは公正に民をさばかなければならない。[19]
あなたはさばきを曲げてはならない。人を偏って見ては
ならない。賄賂を取ってはならない。賄賂は知恵のある人を盲目にし、正しい人の言い分を
ゆがめるからである。[20] 正義を、ただ正義を追い求めなければならない。そうすれば、あな
たは生き、あなたの神、主が与えようとしておられる地を自分の所有とすることができる。
[21] あなたが築く、あなたの神、主の祭壇のそばに、どのような木でできたアシェラ像も立

ててはならない。22 あなたは、あなたの神、**主**が憎まれる石の柱を立ててはならない。
17章 1 悪性の欠陥のある牛や羊は、いかなるものでも、あなたの神、**主**にいけにえとし
て屠ってはならない。それは、あなたの神、**主**が忌み嫌われるものだからである。
2 あなたの神、**主**があなたに与えようとしておられる町囲みのどの一つでも、その中で男
であれ女であれ、あなたの神、**主**の目に悪であることを行い、主の契約を破り、3 行って
ほかの神々に仕え、また、太陽や月や天の万象など、私が命じなかったものを拝む者があ
り、4 それがあなたに告げられて、あなたが聞いたなら、あなたはよく調査しなさい。も
しそのことが事実で確かであり、この忌み嫌うべきことがイスラエルのうちで行われたの
なら、5 あなたは、この悪しきことを行った男または女を町の広場に連れ出し、男でも女
でも彼らを石で打ちなさい。彼らは死ななければならない。6 二人の証人または三人の証
人の証言によって、死刑に処さなければならない。一人の証言で死刑に処してはならない。
7 死刑に処するには、まず証人たちが手を下し、それから民全員が手を下す。こうして、
あなたがたの中からその悪い者を除き去りなさい。8 もし町囲みの中で争い事が起こり、
それが流血、権利、傷害に関わる事件で、あなたがたがさばきかねるものであれば、あなたは
ただちに、あなたの神、**主**が選ばれる場所に上り、9 レビ人の祭司たち、あるいは、その

ときに立てられているさばき人のもとに行って尋ねなさい。彼らはあなたに判決のことば
を告げるであろう。10 あなたは、主が選ばれるその場所で彼らが告げる判決にしたがって
行い、すべて彼らがあなたに教えることを守り行いなさい。11 彼らがあなたに教えるおし
えにしたがって、彼らがあなたに述べるさばきにしたがって行動しなければならない。彼
らが告げる判決から右にも左にも外れてはならない。12 もし人が、あなたの神、主に仕え
てそこに立つ祭司やさばき人に聞き従わず、不遜なふるまいをするなら、その者は死なな
ければならない。あなたはイスラエルのうちからその悪い者を除き去りなさい。13 そうす
れば、民はみな聞いて恐れ、もう不遜なふるまいをすることはないであろう。
14 あなたの神、主があなたに与えようとしておられる地に入って行って、それを占領し、
そこに住むようになったとき、あなたが「周りのすべての国々と同じように私も自分の上
に王を立てたい」と言うなら、15 必ず、あなたの神、主が選ばれる者をあなたの上に王と
して立てなければならない。あなたの同胞の中から、あなたの上に王を立てなければなら
ない。同胞でない異国人をあなたの上に立てることはできない。16 ただし王は、決して自
分のために馬を増やしてはならない。馬を増やすために民をエジプトに戻らせてはならな
い。主は「二度とこの道を戻ってはならない」とあなたがたに言われた。

[17]また王は、自分のために多くの妻を持って、心がそれることがあってはならない。自分
のために銀や金を過剰に持ってはならない。[18]その王国の王座に就いたら、レビ人の祭司
たちの前にある書から自分のために、このみおしえを巻物に書き写し、[19]自分の手もとに
置き、一生の間これを読まなければならない。それは、王が自分の神、主を恐れ、このみ
おしえのすべてのことばと、これらの掟を守り行うことを学ぶためである。[20]それは、王
の心が自分の同胞の上に高ぶることのないようにするため、また命令から右にも左にも外
れることがなく、彼とその子孫がイスラエルのうちで、長くその王国を治めることができ
るようにするためである。

子ども祝福式の礼拝にようこそいらっしゃいました。今日の箇所は今から大体３５００年前に書かれた申命記というところ。「３５００年前なんてそんな大昔の話なんて私には関係ない」と思わないでください。とっても関係ある。大いに関係がある。それは「豊かになる」ということについて書いてあるからです。私もまだ若いんですけれど、私が子どものころのことを思い返すと、今みたいにこんなにたくさんの物はなかったと思います。食べものにしても着るものにしても、こんなに安く、たくさん手に入らなかったと思うんで

す。豊かになるということはよいことだし、喜んでいいことだと思います。けれどもひとつ覚えておいていただきたいのは、神さまは私たちが豊かになるだけでは満足なさらないということです。豊かになるだけではなくて、幸せになるということを望んでおられる。豊かになったからといって幸せになるとは限らないんです。豊かで幸せというのが、神さまが私たちに望んでおられることなんです。ちょっとだけ地理の話をするんだけど、次頁に**地図**を載せておきました。

ここがエジプトです。エジプトで奴隷だったイスラエルの人たちは神さまに助け出されて、40年間ウロウロした挙句、カナンへ侵略（シナイ山周辺から北上し）するわけですけれども、現代ではイスラエルになっているこの場所にこれから入って行こうとしているわけです。

このイスラエルという場所はとても豊かな土地です。今でもそうですけれども小麦や大麦、果物なんかがたくさん採れる。あるいは牛や羊を飼うための水や草なんかも豊かにある。これまでは40年間、岩石砂漠を放浪していたんです。でも、これから豊かな土地に入って行き、自分たちの家を建てるんです。今までは40年間、砂漠でテント暮らしだったのが、これからは家を建ててそこに住むようになる。町を作って、塀で囲み、攻めてこられないようにする。もう寒さに凍えることはない。雨風に打たれることもない。豊かな素晴らしい生活が始まるんです。けれどもその時に大きな危険が訪れる。誰が私を豊かにしてくださったのか、誰が私を奴隷から助けてくださったのかを忘れる危険がそこにある。神さまを忘れてしまうわけです。神さまの胸の中で、神さまに抱きしめられて生きるということを忘れてしまう可能性があるんです。

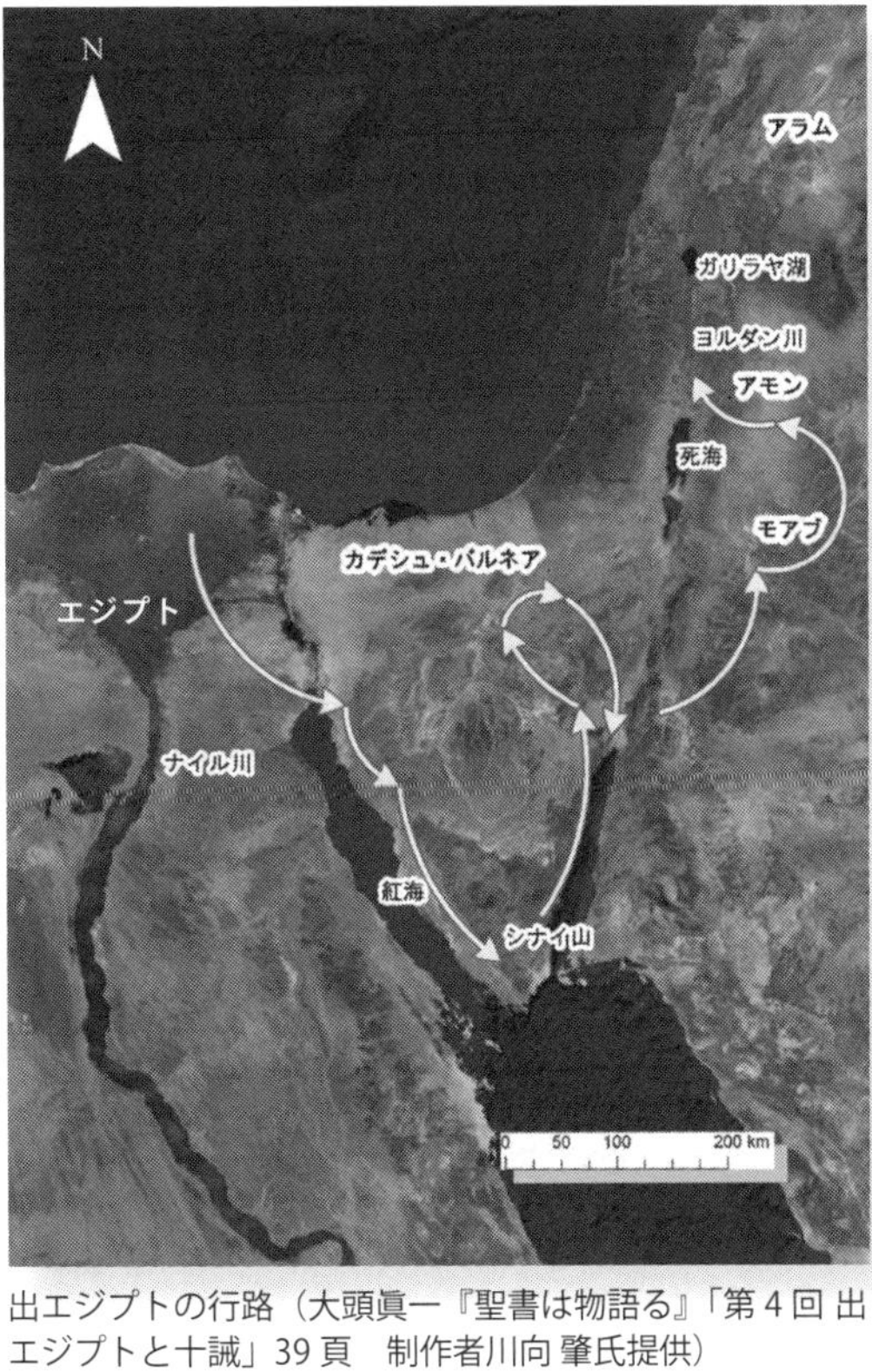

出エジプトの行路（大頭眞一『聖書は物語る』「第４回 出エジプトと十誡」39頁　制作者川向 肇氏提供）

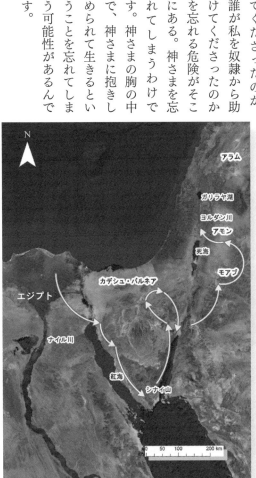

「悪性の欠陥のある牛や羊は、いかなるものでも、あなたの神、主にいけにえとして屠ってはならない。それは、あなたの神、主が忌み嫌われるものだからである。」（17・1）

この太字で書いてある主というのは神さまっていう意味ですね。神さまに犠牲として悪性の欠陥のある牛や羊をささげてはならない、神さまが忌み嫌われるものだから。つまり、そういうことをする人がいたというわけです。あまり良くない、使い物にならない、役に立たない動物を持って行って、神さまに一応の義理だけ果たしておこうという人。その人はそうやって自分の財産を守ろうとするんです。でも神さまは、それを問題だと言われる。別に怪我した牛や羊が嫌いだということじゃないんです。そうじゃなくって、神さまが忌み嫌われるのは「神さまとは適当に付き合っておけばいいや」という思い。それを神さまは嫌われる。悲しく思われる。神さまを大切にしない心を悲しまれるんです。そもそも神さまは牛や羊を食べるわけじゃありません。神さまは何も食べない。何も要らない。結局は捧げた人がそれをみんなで食べるわけです。神さまが気にしておられるのは牛や羊の良し悪しではない、そうじゃなくて私たちの思い、心、愛。神さまは私たちに、そういうものを大切にしてほしいと望んでおられます。

「愛」と言われてもよくわからないことが多いと思います。愛がわからない。私たちはそれぞれ、今までの人生の中で傷を受けてきたでしょう。他の人に原因がある場合もあるし、自分に原因がある場合もある。「自分のせい」と「他の人のせい」がこんがらがってしまって、どこからどこまでが誰の責任かわからなくなっていることがほとんどです。そういう中で「どうせ私の気持ちなんかわかってもらえないんだ。お父さんにもお母さんにも、あるいは妻にも、夫にも、子どもにも、友だちにも、本当のことはどうせわかってもらえない。自分の本当の気持ちを言えばハブられる」と感じてしまう。「ハブられる」っていうのは若者言葉で無視される、あるいは馬鹿にされることみたいです。「どうせ助けてもらえない、わかってもらえない、『何て情けないやつだ』って言われるだけだ。」そういうふうに、私たちは愛がわからなくなっている。「あなたを抱きしめて、どんな時でも見捨てない神がいる」と聞いても、そんなふうに見捨てない人を見たことがないからわからない。

でも神さまはそんな私たちをそのままにしていることができなかった。「どうせ愛なんてない、どうせ私なんか」と思っている私たちをそのままにしておくことができなかった。そして何をなさったかというと御子イエス・キリストをこの世に送ってくださった。そして十字架につけた。なぜか。「どうせ私なんか、どうせ」と空しく悲しく生きていく私たちを、神さまはそのままにしておくことができなかったから。「それでも、わたしはあなたを愛しているんだ」といって抱きしめてくださるために、神の御子が人となってくださいました。

神さまを大切にする。それは「大切にしなさい」と言われたからといって大切にできるものではありません。「大切にしなければならないから」といって大切にできるものでもない。そうじゃなくて、自分が神さまの胸に抱きしめられると、その体温が伝わってくるようにして愛が湧き上がってくる。湧き起こってくる。愛することができるようになる。このことを、覚えておいてください。

「あなたの神、**主**があなたに与えようとしておられる町囲みのどの一つでも、その中で男であれ女であれ、あなたの神、**主**の目に悪であることを行い、主の契約を破り、行ってほかの神々に仕え、また、太陽や月や天の万象など、私が命じなかったものを拝む者があり、それがあなたに告げられて、あなたが聞いたなら、あなたはよく調査しなさい。もしそのことが事実で確かであり、この忌み嫌うべきことがイスラエルのうちで行われたのなら、あなたは、この悪しきことを行った男または女を町の広場に

連れ出し、男でも女でも彼らを石で打ちなさい。彼らは死ななければならない。」(17・2~5)

これはいくらなんでもひどいと思われるでしょうか。聖書にこういうことが書いてあるから、キリスト教は排他的な宗教だというふうに思われるかもしれない。本当の神さま以外を拝んだら死ななければならないなんて言われたら、ほとんどの日本人は死ななければならないわけですよね。厳しい言葉だと思います。太陽や月、あるいは何とか大明神に、家族の安全と幸せを願って手を合わせることはそれほど悪いことなのでしょうか。本当の神さまじゃない石や木で作った神を拝むことを偶像礼拝ということがありますが、そういう偶像崇拝が問題なのでしょうか。

「キリスト教だけが正しい」とか「キリスト教じゃなければ死ななければならない」とか、そういう問題じゃないんです。だから、私たちは誰かが何とか大明神を拝んだところで石打ちにしたりはしないわけです。本当の問題は、適当な神を見つけ出してふた股をかけたり、「この神がダメならあっちの神に行く」っていうふう神を取り扱うこと。そうやって神に自分の言うことを聞かせようとすること。自分こそこの世界の主人公だと思って神を奴隷にしようとすること。「本当の神さまが自分を愛しているかどうかなんかどうでもいい」と言って神さまを投げ捨てること。それが問題なんです。

じゃあ、神さまはどうしてここまで厳しいことを言っておられるのか。それは、あなたが不幸にならないため。金持ちになりたいとか、ああなりたい、こうなりたいという自分の願いを叶える神がいい神で、そうでない神は役に立たない神だと、あたかも自分がこの世界の主人公かのように神を選んで捨てていくならば、それって本当の幸せにつながるんだろうか。本当の神さまは、わがままな子どもがおねだりしたとおりに何でも買い与えて、結局その子を虫歯だらけにしてしまうような、そんな神さまだろうか。そうじゃないんです。本当の神さまはもっと大切なことを私たちに教えてくださる。時には自分のものを分け与えることが本当の幸せへの道なんだと教えてくださる神さまです。でも、私たちはすぐに自分が主人公だと思ってしまう。家族の中でも、友だちの中でも、学校でも職場でも、「主人公は私だ。私の言うことを聞かない人、私に嫌なことを言う人はみんないなくなってしまえばいい」と思ってしまう。それが結局のところ自分を主人公にした人が辿る道なわけです。でも本当の神さまは、私たちが他の人に与え合い、成長し合いながら共に生きる、共に世界を切り開いていく、それが本当の幸せだと教えてくださっている。

イスラエルの民はこれから、この豊かなカナンの地に入って行くわけです。土地が分割されていくわけですよね。そうなると、土地の境界線をめぐってすぐに争いが起こる。例えば、ある人の牛や羊の群れがよその土地に入って作物を食べてしまう、どうしてくれるのか、という問題が起こるわけです。そういうときにありがちなのは、力が強く富んでいる者が貧しい者を力ずくで支配し、自分の得になるように物事を運んでしまう。そうやって豊かな者はますます豊かになり、貧しいものはますます貧しくなっていく。今の世の中でもよくあることではないかと思うんです。けれどもそれは、神さまに愛されているあなたがたにふさわしい生き方ではない。無理やり奪っても、結局あなたも相手も不幸になる、どちらも決して幸せにはならない。あなたがたは不幸になってはならない、相手を不幸にしてはならない。だから16章20節。

「正義を、ただ正義を追い求めなければならない。そうすれば、あなたは生き、あなたの神、主が与えようとしておられる地を自分の所有とすることができる。」（16・20）

正義を行え、たとえ自分が損をするように思われても、神さまが望まれるように正義を行え。そしたらあなたは生きる。ただ何とか生きてるっていうんじゃなくて、幸せに、豊かに、喜びと生きがいを持って生きることができると、そう教えている。

「でも、正義なんて行ったことないし、そんなことをしたら自分の持ち物がなくなって貧しくなってしまうんじゃないのか。」愛するみなさんはそういうふうに思われるかもしれない。あるいは「そんなことはクリスチャンのきれいごとだ、現実は厳しい。世間を知らない牧師がきれいごとを言ったって、そういうふうにはいかない」と思われるかもしれない。でも知っておいていただきたい。この世界は神さまの世界なんです。だから神さまが「わたしの世界の中で正義を行え」とおっしゃるならば、神さまを信頼して大胆に正義を行ったらいい。新約聖書のルカの福音書に、このようにあります。

「何を食べたらよいか、何を飲んだらよいかと、心配するのをやめ、気をもむのをやめなさい。これらのものはすべて、この世の異邦人が切に求めているものです。これらのものがあなたがたに必要であることは、あなたがたの父が知っておられます。むしろ、あなたがたは御国を求めなさい。そうすれば、これらのものはそれに加えて与えられます。」（ルカ12・29〜31）

正義を行ったら自分が食べていけなくなるんじゃないかって心配しなくていいんです。この世界は神さまの世界だからです。この世界の主人公はあなたじゃない。それは幸いなことなんです。もし知恵も足りない、心もあんまり広くない私たちが主人公であって、この世界を私たちが支配するとしたら、とんでもないことになるだろうと思うんですよ。でも心配しなくていい。この世界の主人公は神さまだから、神さまを信頼して大胆に生きる。神さまの胸の中に抱きしめられながら正しいことを大胆に行うことができる。神さまがそのようにこの世界を支えてくださっているってことをね、どうか忘れないでください。子どもたちにもそのように伝えてください。「この世界はあなたがうまく立ち回らないととんでもないことになる世界なんだ」と聞かされて育ってゆくと「この社会も自分の人生も真っ暗だ」なんて思ってしまうかもしれない。でも大丈夫。この世界は神さまの世界だから、神さまが助けてくださいます。希望を持って、誇りを持って、胸を張り、正しいこと正しいと言って生きていったらいいんです。

「もし町囲みの中で争い事が起こり、それが流血、権利、傷害に関わる事件で、あなたがさばきかねるものであれば、あなたはただちに、あなたの神、主が選ばれる場所に上り、レビ人の祭司たち、あるいは、そのときに立てられているさばき人のもとに行って尋ねなさい。彼らはあなたに判決のことばを告げるであろう。」（17・8〜9）

つまり、あなたが扱いかねる出来事があったら自分で抱え込むなということです。そうじゃなくて、神さまはあなたに助け手を与えてくださっている。特に、教会には信仰の仲間がいる。あなたのために本気で祈り、あなたのために本当に心を砕いて考えてくれる。孤立しないでください、仲間がいるんです。ひとりじゃない。ひとりぼっちだと思う人は教会に来たらいい。私たちは喜んであなたの兄弟姉妹となりたいと思っています。私たちは孤立すると精神的にも、そして肉体的にも行き詰まってしまいます。しかし神さまは仲間を与えてくださいます。それはかけがえのないプレゼントです。

最後の17章18節ですが、ここで言う「王国の王座に就く」というのはイスラエルの王様のことですね。

「その王国の王座に就いたら、レビ人の祭司たちの前にある書から自分のために、このみおしえを巻物に書き写し、自分の手もとに置き、一生の間これを読まなければならない。それは、王が自分の神、**主**を恐れ、このみおしえのすべてのことばと、これらの掟を守り行うことを学ぶためである。それは、王の心が自分の同胞の上に高ぶることのないようにするため、また命令から右にも左にも外れることがなく、彼とその子孫がイスラエルのうちで、長くその王国を治めることができるようにするためである。」（17・18〜20）

王様になったらもう自分の好き勝手に振る舞おう、と大抵の人間はそう思うわけです。でもそれは本当に自分を幸せにするだろうか。しないですよね。そういう王さまの治める国はボロボロになっていき、やがて人々が王を倒すことになるでしょう。イスラエルの王に命じられていることは「毎日毎日聖書から神の愛の言葉を聞き続け、神がどのようなお方であるかを知り、神の体温でその身を温めて、そのように生きなさい。そのように治めなさい。そのように人々をケアしなさい。そのために、あなたは王として立てられているのだ」ということ。私たちは王じゃないけど、同じことですよね。聖書の言葉の中で自分がどれほど大切にされているか、そしてどれほど安心して生きていけるかを感じ取ることができる。神さまの体温を、その温もりを感じ取る。そうしてはじめて、周りの人にも「大丈夫だよ」と言ってあげることができる。「大丈夫だ、神さまがついてる。この世界は神さまの世界なんだ。あなたがどんなに神さまから離れていても、自分が嫌いでもういなくなってしまいたいと思うときでも、あなたは神さまの胸の中に抱きしめられているから大丈夫なんだ。」私たちは周りの人にそう言ってあげることができると思います。どうして聖書を読むのか。それは精神の修練になるからでも、先祖が浮かばれるというわけでもない。全然違う。聖書を読むと神さまが分かってくるんです。あなたがどれほど神さまに愛されているかが分かってくる。皆さんもこれから豊かになるときもあるでしょう。貧しくなる時もあるでしょう。でも心配ない、この世界は神さまが支配しておられる世界だから。これからどんどん時代が変わっていくでしょう、環境も変わっていくでしょう、でも大丈夫なんです。落ち着いて、神さまと周りの人を大切にしてください。

先日出かけた教会学校の教師研修会で面白いことを聞きました。なんでも、子どもが生まれてきて最初に口に出す言葉は「アッバー」だと言うんです。これは聖書に出てくる「父親」という意味の言葉、それも親しく「父ちゃん」って呼びかける言葉です。言われてみると、赤ちゃんが最初にしゃべるバッバ、ダッダ、アッバっていう感じの破裂音って父を呼んでいるのかもしれませんね。そうでないかもしれません。けれども確かなことは、本当に自分を抱きしめて離さないお方、その胸の中にいるならば何があっても大丈夫だというお方を求める思いが誰の心にもあるということ。赤ちゃんだけでなくて、私たちのみんなの心の中にある。そして、そういうお方に抱きしめられているということを知っている子どもたちは落ち着いて、ひとつひとつのことを丁寧に大切にしながら生きることができるのでしょう。

どうか私たちの大切な、大切な子どもたちに「大丈夫だよ、この世界は神さまの世界だから。いろいろなことがあるけど、どんなことがあっても大丈夫な世界なんだ」と伝えてまいりましょう。口だけで伝えるはなかなか難しいかもしれません。でも、お父さんお母さん自身が「自分は神さまの胸の中で、大丈夫な世界の中で子育てをしているんだ」ということを知っていればきっと大丈夫、大丈夫です。

尽きることのない愛

聖書　申命記18章6～18節
[6]もしレビ人が、自分が住んでいる、イスラエル中のどの
町囲みの中からでも出ることを望むなら、主が選ばれる場
所に望むままに行くことができる。[7]彼は、その場所で主
の前に立つ自分の同族レビ人と全く同じように、自分の神、
主の御名によって奉仕することができる。[8]彼の取り分は、相続財産を売った分は別とし
て、彼らが食べる取り分と同じである。
[9]あなたの神、主があなたに与えようとしておられる地に入ったとき、あなたは、その
異邦の民の忌み嫌うべき慣わしをまねてはならない。[10]あなたのうちに、自分の息子、娘
に火の中を通らせる者、占いをする者、卜者、まじない師、呪術者、[11]呪文を唱える者、

霊媒をする者、口寄せ、死者に伺いを立てる者があってはならない。12 これらのことを行
う者はみな、主が忌み嫌われるからである。これらの忌み嫌うべきことのゆえに、あなた
の神、主はあなたの前から彼らを追い払われるのである。13 あなたは、あなたの神、主の
もとで全き者でなければならない。
14 確かに、あなたが追い払おうとしているこれらの異邦の民は、卜者や占い師に聞き従っ
てきた。しかし、あなたの神、主はあなたがそうすることを許さない。15 あなたの神、主
はあなたのうちから、あなたの同胞の中から、私のような一人の預言者をあなたのために
起こされる。あなたがたはその人に聞き従わなければならない。16 これは、あなたがホレ
ブでのあの集まりの日に、あなたの神、主に求めて、「私の神、主の御声は二度と聞きた
くありません。この大きな火はもう見たくありません。私は死にたくありません」と言っ
たことによるものである。17 それで主は私に言われた。「彼らの言ったことはもっともだ。
18 わたしは彼らの同胞のうちから、彼らのためにあなたのような一人の預言者を起こして、
彼の口にわたしのことばを授ける。彼はわたしが命じることすべてを彼らに告げる。

今日の礼拝によくいらっしゃいました。今読んでいただいた箇所は、遠い昔に記された

文章ではありますが、今も私たちに注がれている、尽きることのない神さまの愛が鮮やかに描かれています。約3500年前、エジプトで奴隷だったところを神さまに助け出されたイスラエルの人々は、カナンという場所に入っていこうとしています。そこは大変豊かな地だったんですけれども、色々な試練が待っていました。神さまは3500年前のイスラエルの人々がカナンに入る前に、神さまの胸の中で生きるということを忘れないようにと教えてくださいました。でもね、人は弱いんです。今日の私たちや子どもたちにも多くの試練や誘惑があると思います。色んな試練や誘惑があると、神さまの胸の中で生きるということをすぐに忘れてしまうんです。そこで神さまは三つの助け手を与えてくださいました。「三人」の助け手なら分かるんだけど、そうじゃなくて「三つ」の助け手。それは「三つの務めを持った人々」というようなことですね。

一つ目の助け手は「王」です。今日読んでいただいた箇所のちょっと前。

「あなたの神、主があなたに与えようとしておられる地に入って行って、それを占領し、そこに住むようになったとき、あなたが『周りのすべての国々と同じように、私も自分の上に王を立てたい』と言うなら、」（17・14）

イスラエルには本来、人間の王さまはいなかったんです。なぜなら神さまがイスラエルの王だからです。本当はイスラエルに人間の王は要らないんです。しかし人間は弱いんです。イスラエルの人々も「神さまは目に見えない。私たちも他の国のように、戦争の時に先頭に立って戦ってくれる目に見える王さまがほしい」と思いました。神さまは人の弱さを思いやり「それなら」と人間の王を置くことを許された。王は、自分の国を敵から守らなければいけません。ところが、神さまがイスラエルの王に命じられたのは、普通の王さまがするようなこととは逆でした。

「ただし王は、決して自分のために馬を増やしてはならない。馬を増やすために民をエジプトに戻らせてはならない。主は『二度とこの道を戻ってはならない』とあなたがたに言われた。また王は、自分のために多くの妻を持って、心がそれることがあってはならない。自分のために銀や金を過剰に持ってはならない。」（17・16〜17）

馬は当時の戦いの武器でした。だから普通の王さまは馬をたくさん持とうとしました。

あるいはお金をいっぱい蓄えて、それで軍隊を雇ったりして、強い軍事力で国を守ろうとする。普通の王さまはそうです。ところが、イスラエルの王さまの一番大切な仕事はそういうことではありませんでした。

「その王国の王座に就いたら、レビ人の祭司たちの前にある書から自分のために、このみおしえを巻物に書き写し、自分の手もとに置き、一生の間これを読まなければならない。それは、王が自分の神、主を恐れ、このみおしえのすべてのことばと、これらの掟を守り行うことを学ぶためである。」（17・18〜19）

イスラエルの王さまは聖書を書き写して、それを毎日読まないといけないんです。それは聖書を読むことで、神さまがどれほど大きな愛を持って私たちを愛してくださっているかが分かるから。聖書を読むことで王さま自身も、またその国の人々も、神さまの胸の中で生きるっていうことをいつも思い出すことができるからです。イスラエルの王さまと人々の生き方は、他の国の王さまと人々の生き方とは全く違いました。王さまの一番大事な仕事は自分とその国の人々の心を守ること、その心が神さまから離れないように守ることなんです。

キリスト教会は二千年間「本当の王はキリストだ、イエスさま」だという風に語ってきました。この王さまはちょっと変わった王さまで、神さまなのに人となり、十字架にかかるまでに私たちに仕え、愛してくださった、そういう王さまなんです。エル・グレコの『聖衣剝奪』という名画がありますが、イエスさまは神さまなのに衣を剝奪された、人の前で裸にされた、そういう辱めを受けてくださった。とても不思議な神さまだと思いませんか。「神さまを馬鹿にしたら、神さまに怒られるんじゃないか。怒りを買って祟られるんじゃないか。」私たちはそう思いがちです。でもなんでそういう風に思うのかっていえば「きっと私たちだったら馬鹿にされれば腹を立てるからなあ」って考えるからでしょう。しかし神さまは、ご自身に相応しい扱いを受けなかったとか、馬鹿にされたとか、そんなことちっとも気にしないんです。神さまが気にするのはただ一つ、私たちが神さまの胸の中で生きているかどうかということ。そのことだけを願って、それが実現するために、何も惜しむことをなさいませんでした。それが私たちの王であるイエスさまなんです。

神さまがイスラエルに与えてくださった二つ目の助けは祭司でした。礼拝をささげるための仕事をする人たちです。イスラエルの祭司はレビという部族から出ているんですが、とても面白いことが書いてあるんです。

「もしレビ人が、自分が住んでいる、イスラエル中のどの町囲みの中からでも出ることを望むなら、**主**が選ばれる場所に望むままに行くことができる。彼は、その場所で**主**の前に立つ自分の同族レビ人と全く同じように、自分の神、**主**の御名によって奉仕することができる。」（18・6～7）

この人たちはどこにでも行くことができる。礼拝の助け手としての使命のためならばどこにでも行くことができる。なぜなら彼らは人に仕えているのではなくて、神さまに召され、神さまに用いられているから。どこに行っても神さまはおられますから、そこで生きていくんです。このレビ族には、他の部族のように土地が割り当てられていません。つまり畑を耕したり、あるいは羊を飼ったりということをしません。そうではなくって、彼らは人々が神さまに捧げる物によって生きていくんです。どこにいたって、食べる物や着る物は神さまが与えてくださいます。そのように生きることによって彼らは、神さまの胸の中で生きるとは神さまに養われて生きることなのだと示しました。イエスさまも、

『人はパンだけで生きるのではなく、神の口から出る一つ一つのことばで生きる』と書いてある。」（マタイ4・4）

とおっしゃいました。私たちは目に見えるものがとっても気になります。収入は十分かなとか、あるいは持ち物や健康が気になったりします。それは当然のことです。目に見えるものについて、自分や家族の必要について、そうやって配慮するのはとっても大切なことです。でも私たちは、自分たちに必要なものを、神さま抜きに自分でゼロから手に入れようとする必要はないんです。これはとても大切なことだと思います。神さまなしに、自分に必要なものを全部ゼロから自分で手に入れなければならないとしたら、それはとても大変なことです。

先週も申し上げましたが、この世界は神さまの世界。神さまがいない世界じゃなくて、神さまがいる世界なんです。私たちはこの「神さまがいる世界」の中で、安心して生きていっていいんです。自分が生きていくために他の人も何もかも押しのけて、自分のことだけを考えなければならないような、そんな世界じゃない。そうじゃなくて、神さまの胸の中で安心して、周りの人々を愛して十分な配慮をすることができる、そうしたとしても神さまが私たちを豊かに養ってくださる。そういう「神さまのいる世界」に私たちは生きています。今週も先週に続き子ども祝福式です。お父さんたち、お母さんたち、どうか子どもたちに「この世界は安心してよい世界なんだ」と教えてあげてください。この世界は大丈夫なんだ。他の人を愛して、自分のものを分け与えても、それでも神さまがさらに豊かに与えてくださる。なんとかギリギリで生き延びるんじゃなくて、豊かな喜びの人生を生きることができる。子どもたちに、そう教えてあげていただきたいと思います。

祭司たちは自分の召された務めのために自由にどこにでも行って、何も心配せずに神さまに仕えていきました。そういう生き方を見せる人たちでした。主イエスが誰よりも自由なお方でした。自分の手で何もつかんでおられなかった。神さまなのに「人になることなどできない」と執着なさらないで、私たちの一人となってくださいました。それは私たちが神さまの胸の中に帰っていくことができるため。神さまの胸の中で抱かれていることができるため。あるいは私たちが礼拝することができるため、と言っても良いと思います。礼拝というのは一体何でしょうか。神さまに愛されている人たちが一緒に神さまを喜ぶ、それが礼拝なんです。私たちは今一緒に集まってここで何をしているのか。クリスチャンたちが毎週日曜日に集まるのは何のためか。それは神さまを喜ぶため。

ところが時々、いや、しばしば、私たちは神さまを喜ぶことができなくなります。神さまとの間に、わだかまりのようなものが生じることがあります。愛のない言葉を発してしまったと気がつく時、愛のない行いをしてしまった時、あるいは自分の中に愛のない思いがあることに気付いた時、神さまの御前に出ることに対する恐れが生じます。たとえ相手にごめんなさいと謝って許してもらったとしても、自分で自分をゆるせないことがあります。「私は何という人間なんだろう」という思いが残る時、喜びを持って礼拝に出ることができなくなります。けれども、心配要らないんです。そのためにこそ、イエスさまは十字架にかかってくださいました。イエスさまは私たちの礼拝を助けてくださる祭司なんだけれども、同時に祭司がささげる犠牲でもあります。祭司はいけにえの動物をささげるのが仕事だったのですが、イエスさまは自分自身を犠牲としてくださいました。神であるイエスさまが、十字架にかかってくださった。犠牲になってくださった。だから覚えておいてください、「私たちの罪で赦されないものは何一つない」ということを。イエスさまが私たちのために死んでくださったからです。あなたが「私なんか赦されない、ダメな人間だ」と思ったままでいることを、神さまはお望みになりません。私たちがそこから喜びに帰っていくことができるために、神さまはどんなことでもしてくださいます。事実、十字架にかかってくださったのです。

神さまがイスラエルに与えられた第三の助けは預言者です。預言者は神さまの言葉を取り次ぎます。神さまの愛を語って「この尽きることがない愛を忘れるな」とみんなに伝えるのが預言者の仕事なんです。不思議な箇所があります。

「わたしは彼らの同胞のうちから、彼らのためにあなたのような一人の預言者を起こして、彼の口にわたしのことばを授ける。彼はわたしが命じることすべてを彼らに告げる。」(18・18)

ひらがなの『わたし』は神さまのこと。『彼ら』というのはイスラエル。『あなた』というのはモーセのことです。つまり、神さまはモーセのような一人の預言者を起こすとおっしゃった。キリスト教会は、これが主イエスのことなんだと語り続け、聞き続けてきました。イエスさまは預言者でもあります。神さまの愛を語る預言者です。預言者が語ることは必ず実現します。なぜなら神さまは、どんな犠牲を払ってでもそのみことばを実現させてくださるから。そのためにイエスさまは人となってこの世界に来られ、単に言葉によってだけではなくその行いによって、振る舞いによって、神のみことばを示し、また実現してくださいました。全ての人を救うという神さまの最大の預言が、イエス・キリストの十字架において実現いたしました。

今、救いと申しましたが、そこには過去における救い、現在における救い、将来における救いという三つの側面があると思います。過去の救いというのは先ほど申し上げたことです。私たちがどんなに自分を許せなかったとしても、神さまがそれを赦してくださいました。私たちの自責の思いさえも引き受けてくださいました。今、神さまの胸の中で、自分の罪も、愛のない思いも、言葉も、行いもみんな赦されたと知ることができる。それが過去における救いです。一方、現在における救いというのは、私たちが今どんな悩みや不安を持っていたとしても、それでもなお、神さまの胸の中で生きることができるということ。この世界は色んな破れがあると思います。神さまと人との間が破れている。また人と人との間が破れている。家族の間にも破れがあります。兄弟の間にも、親子の間にも破れがあります。でも私たちはそういう痛みの中にあっても神さまとともに働いて、そういう破れを神さまと一緒に繕っていくことができます。みなさんが家族の中に、社会の中に置かれているということは、家族にとって、社会にとって祝福なんです。なぜならみなさんを通して、神さまが世界の破れを繕っていくからです。そして将来における救い。私たちは死の向こうに何が待ち受けているのか分かりません。死んだらどうなるのか、私たちは知りません。怖いような気もします。けれどもイエス・キリストは私たちが神さまの胸の中から離れることがないために、永遠にその胸に抱かれていることができるために、十字架にかかってくださいました。死の力を打ち破ってくださいました。

イスラエルは神さまから三つの助けを与えられていました。王、祭司、そして預言者。でも本当の王であり、本当の祭司であり、本当の預言者であるのはイエスさまです。イエスさまは王として、祭司として、預言者として、私たちがいつまでも神さまの胸の中で生きることができるようにしてくださいます。でも最後に一つ、私たちもまたある意味で預言者であり、祭司であり、王につながる者だということを知っておいてください。私たちはみな預言者として神の言葉を語ります。神さまがどのようなお方であるかを語り合います。王としてみことばを持ってお互いの心を守り合い、祭司として励まし合って礼拝を守り続けるんです。そして私たちの周りの人たち、あるいは家族の中でイエスさまをまだ知らない人たちにも神の言葉を語り、神の愛をお伝えし、礼拝にお招きするのです。

逃《のが》れの町

聖書　申命記19章1～10節
1 あなたの神、主があなたに与えようとしておられる地
の国々を、あなたの神、主が絶ち滅ぼし、あなたがそれ
らを占領し、それらの町々や家々に住むようになったと
き、2 あなたの神、主があなたに与えて所有させようと
しておられるその地に、三つの町を取り分けなければな
らない。3 あなたは距離を測定し、あなたの神、主があなたに受け継がせる地域を三つに
区分しなければならない。殺人者はだれでも、そこに逃れることができる。
4 これは、その場所に逃れて生きることができる場合、すなわち、前から憎んでいたわけ
ではない隣人を、意図せずに打ち殺してしまった殺人者に関する規定である。5 たとえば、

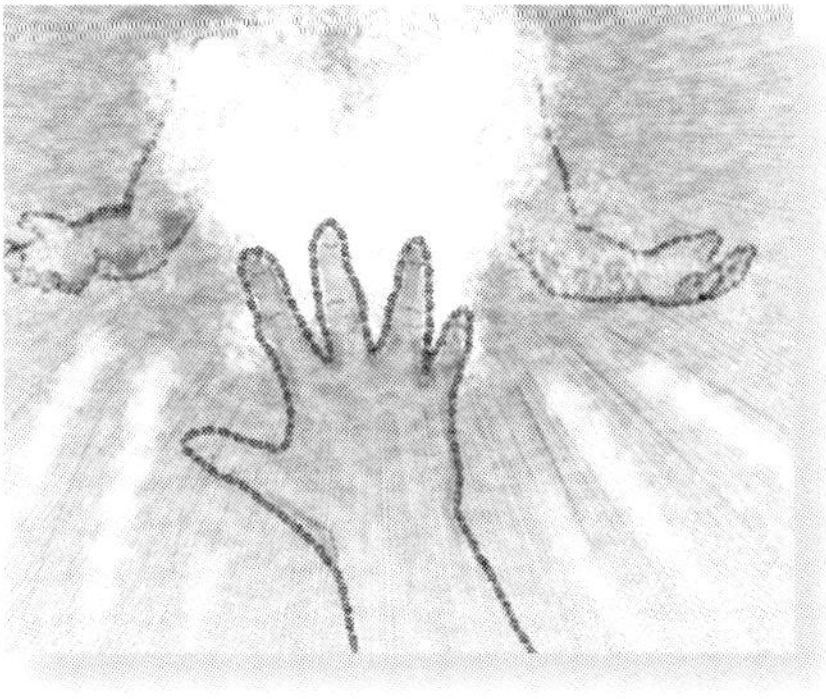

隣人と一緒に、木を切り出そうと森に入り、木を切るために斧を手にして振り上げたところ、斧の頭が柄から抜けて隣人に当たり、その人が死んだ場合、その者はこれらの町の一つに逃れて生きることができる。[6]血の復讐をする者が怒りの心に燃え、その殺人者を追いかけ、道が遠いためにその人に追いついて、打ち殺すようなことがあってはならない。その人は前から相手を憎んでいたわけではないから、死刑に当たらない。[7]それゆえ私はあなたに命じて、「三つの町を取り分けよ」と言ったのである。
[8]あなたの神、**主**が、あなたの父祖たちに誓ったとおりにあなたの領土を広げ、また、父祖たちに与えると約束した地をすべてあなたに与えられたなら、[9]すなわち、私が今日あなたに命じるこのすべての命令をあなたが守り行い、あなたの神、**主**を愛し、いつまでもその道を歩むなら、そのとき、この三つの町にさらに三つの町を追加しなさい。[10]あなたの神、**主**が相続地としてあなたに与えようとしておられる地で、咎のない者の血が流されることがなく、また、あなたが血の責任を負うことのないようにするためである。

11月最後の礼拝にようこそいらっしゃいました。いよいよ来週からアドベントということになります。今日の説教題は「逃れの町」。苦しみや困難に出会えば、そこから逃れたいと誰もが思います。私をかくまって守ってくれる、そういう場所があったらどんなにいいだろうと思うわけです。旧約聖書の時代にはそういう場所がありました。

「あなたは距離を測定し、あなたの神、主があなたに受け継がせる地域を三つに区分しなければならない。殺人者はだれでも、そこに逃れることができる。これは、その場所に逃れて生きることができる場合、すなわち、前から憎んでいたわけではない隣人を、意図せずに打ち殺してしまった殺人者に関する規定である。」（19・3〜4）

例えば業務上の過失のような場合があります。

「たとえば、隣人と一緒に、木を切り出そうと森に入り、木を切るために斧を手にして振り上げたところ、斧の頭が柄から抜けて隣人に当たり、その人が死んだ場合、その者はこれらの町の一つに逃れて生きることができる。」（19・5）

斧を振り上げる前にちゃんと確認していればよかったんだけれどもそうしなかった。過失があった。でも憎んでたわけじゃない。殺そうと思ったわけじゃない。現代の私たちは「過失なんだから、死刑にならないのは当然だ」と思うわけです。しかし当時はどうも、殺された人の身内が、この過失を犯した人を殺してしまうということがよくあったらしい。そうやって森の中で起こった出来事というのは他の目撃者があまりいないわけですから、遺族は身内がいなくなってしまった悲しみと怒りとを加害者にぶつけてしまう。事故を起こしてしまった側にどういう事情があったのかということを思い図ることができない。だから復讐してしまう。しかしそうなると、今度は恐らく復讐された側の身内が黙っていないでしょう。こうして不幸な事故をきっかけに、神さまの宝の民であるイスラエルの間から愛が損なわれてゆく。ともに生きる喜びが損なわれてゆく。イスラエルは神さまと一緒にこの世界の破れを繕うために召された人々だったはずなのに、そのイスラエルが損なわれてゆく。むしろ世界の破れが広がっていく。

「逃れの町」の記事は民数記35章にもありました。その33節にはこのようにあります。

「あなたがたは、自分たちのいる土地を汚してはならない。血は土地を汚すからである。土地にとって、そこで流された血は、その血を流した者の血以外によって宥《なだ》められることはない。あなたがたは、自分たちの住む土地、わたし自身がそのただ中に宿る土地を汚してはならない。主であるわたしが、イスラエルの子らのただ中に宿るからである。」（民数記35・33〜34）

土地が汚れるというのは、誰かの大量出血が流された地が物理的に汚れるという意味ではは全然ない。そうじゃなくて神さまが「土地が汚れる」という時に意味しているのは、神さまの宝ものであるイスラエルの人々の間で愛が損なわれてゆくということ。復讐が横行して彼らの愛が損なわれ、神さまの胸の中で共に生きることができなくなる。世界の破れがイスラエルの中でも広がってゆく。愛し合うことができない。赦し合うことができない。それが「土地が汚れる」っていうことです。土地が問題じゃなくてイスラエルが問題なのです。そういうイスラエルを見ると神さまのお心は痛む。「そのようなことがあってはならない」と思われる。だから逃れの町を設けてくださった。不幸な事故があったとしても、そこから破れが広がっていかないように、イスラエルが神さまの胸の中で生き続けることができるようにしてくださった。

逃れの町を思う時に、いつも私の心に浮かぶ詩篇があります。

「あなたは私の隠れ場。
あなたは苦しみから私を守り
救いの歓声で
私を囲んでくださいます。」（詩篇32・7）

私の本当の逃れの町、隠れ場は神さまご自身。神さまご自身が「わたしがあなたがたの隠れ場だ、あなたがたの逃れの町だ」とおっしゃってくださっているわけです。神さまは本当に憐れみ深いお方なのです。逃れの町はイスラエルのどこからでも、必死になって逃げれば、一日で逃げ込める場所に定められています。でも仮にイスラエルがカナンをどんどん侵略して行って、イスラエルの領土が広がった場合にはどうなるのか。神さまはそういうことまで考えておられる。申命記19章に戻って9節。

「すなわち、私が今日あなたに命じるこのすべての命令をあなたが守り行い、あなたの神、**主**を愛し、いつまでもその道を歩むなら、そのとき、この三つの町にさらに三つの町を追加しなさい。」

神さまを愛し神さまと共に歩むなら、イスラエルは増え広がっていくでしょう。そしたらさらに三つの町を、誰もがそこに逃げこむことができるように定めるのです。私たちをかくまってくださる神さまの御手が届かない所などない。どこまでもその手を伸ばしてくださいます。神さまの愛は中途半端な愛じゃない。どこまでも責任を持って愛してくださる、そのような愛。

今の日本には逃れの町はありません。警察や司法の仕組みが整っていますから、逃げ込む場所は必要ないと思います。けれども、私たちの生きているこの世界にも、また私たち自身にも苦しみはいくらでもあります。親子関係や夫婦関係、家族関係や職場の関係など人間関係の苦しみがある。時にモラハラやパワハラといったようなことで苦しめられることもある。孤独に苦しむこともありますよね。経済的な困難、あるいは健康上の不安を抱える人もいる。そうやって挙げてゆくと、誰にも二つや三つは苦しみがある。問題は、そういう中で私たちがしばしば、愛するゆとりをなくしてしまうことです。何とかしてこの苦しみを「自分で生き延びなければならない」と思ってしまう。そして「そんなことしている余裕はない、今は駄目だ」と言って、本当は注ぎだせるはずの愛を惜しんでしまう。そして私たちに余裕がない時、誰かのひと言が本当に赦せなかったり、誰かのささいな態度が本当に憎たらしく思えたりして、神の民の生き方が損なわれてゆく。土地が汚される。そんな愛なき自分を見ていると「今のこんな私ではとても逃れることはできない」と思うわけです。けれども、イエス・キリストはこうおっしゃる。

「すべて疲れた人、重荷を負っている人はわたしのもとに来なさい。わたしがあなたがたを休ませてあげます。」（マタイ11・28）

疲れた人、重荷を負っている人というのは私たちみんなのことですよね。その私たちにイエスさまは「わたしが、あなたの逃れの町になってあげよう」とおっしゃってくださる。信じたら即すべての悩みが解決されるわけではない。健康上の問題や経済的な不安がたちどころになくなるわけではない。でも実は、すべてが変わる。私たちがこの世界に生きる生き方が変わってくる。この世界の見え方が変わってくる。例えば今まで、自分を責める人のことはただ嫌な人、自分の気分を害する人としか思えなかったかもしれない。けれども、神さまの胸の中で、キリストという「逃れの町」の中から見るならば、その人もまた余裕なく必死で生き延びようとしているんだということがわかってくる。本当は私を愛し、繋がりたいのだけれども、悲劇的な表現しかできない。私に怒りをぶつけることによって、見当違いな安心を得ようとしているのだということが見えてくるわけです。世界が変わってくる。物事の本質への眼差しが変えられてくる。キリストの胸の中で起こるのはそういうことです。

そもそも逃れの町とか隠れ場というのは、ただじっと息を殺して身を潜める場所ではない。そこは愛が育まれ、愛が成長していく場所です。先ほどのマタイの福音書11章はこう続きます。

「わたしは心が柔和でへりくだっているから、あなたがたもわたしのくびきを負って、わたしから学びなさい。そうすれば、たましいに安らぎを得ます。わたしのくびきは負いやすく、わたしの荷は軽いからです。」(マタイ11・29〜30)

逃れの町は、ただ隠れるためのシェルターのような場所ではありません。そこで癒されていく。そこで愛を学んでいく。それまで自分が一人で背負っていた「ああしなければ、こうしなければ、自分の力でなんとかしなければと切り抜けられない」という重荷をおろして、新しいくびきを負うのです。イエスさまがともに担ってくださるくびきを負って、世界の破れを繕ってゆく。イエスさまのくびきを負うとは、イエスさまと繋がって、安心して愛を注ぎだし始めることです。今まで必死になって生き延びようとしていた私が、どうしてそんな余裕を持つことができるのか。そうしたいとどうして願うことができるのか。それはイエスさまが十字架で罪の力を砕き復活して、新しいいのち、新しい生き方、新しい世界を造りだしてくださったから。

　もはや世界は十字架の前と後で同じ世界ではないということを、クリスチャンは本当に知らなければならない。もはや世界は同じではない。新しいいのちに満ちた、愛に溢れる世界がすでに始まっている、私の中にもう始まっているということを、私たちは知らなければならないと思います。もちろん、神さまとともにこの世界の破れを繕おうとするとたくさんの困難があります。誤解されたり、無視されたりするのはしょっちゅうですよね。でも、神さまはどんな時でも私たちの逃れの町でいてくださる。誤解されても「本当はそういうつもりで言ったんじゃないんだ」ということを神さまはご存知で、逃れの町となってくださる。そして私たちを強め、励まして、この世界の中でそれぞれに与えられている使命を全うさせてくださいます。

アメリカのケント・M・キースという人が大学二年生の時に書いた『逆説の10カ条』の中に有名な言葉が書かれています。（ケント・M・キース『それでもなお、人を愛しなさい――人生の意味を見つけるための逆説の10カ条』早川書房、2002年）それを読んで感動したマザー・テレサがカルカッタの孤児の家の壁に書き記させたということで有名になりました。「逆説の十か条」。逆説というのは、一般に正しいこととされていることとは反対のことです。逆なんです。十か条全部をお話しすることはできないんですけど、例えば二番目。

「何か良いことをすれば、隠された利己的な動機があるはずだと人に責められるだろう。」

だから良いことなんか、やめとけっていうのが普通ですよね。しかし、この逆説はこういう。

「それでもなお、良いことをしなさい。」

「それでもなお」のところは英語の原文だとanyway つまり「何があっても、どの道であっても、どうあっても」よいことをしなさいということです。また私は五番目に特に心惹かれます。

「正直で素直なあり方はあなたを無防備にするだろう。」

普通なら「だから防御しなさい」という話になるけど、逆説ではこうなる。

「それでもなお、正直で素直なあなたでいなさい。」

「逆説の十か条というものがあります。みなさん、これを守っていきましょう」というだけならば、ただの道徳の教えになってしまう。「こういうふうに出来たらいいですね」と。

でも教会は道徳を教える場所じゃない。そうじゃなくって、そんな愛に満ちた生き方が、本当に私たちの中に実現していく場所です。たんに「正直であれ。どんなことがあっても、それでもなお率直なあなたでいなさい」と言われても、私たちにはできません。でも少し手を加えて「なぜなら」と根拠を付けてみると、イエスさまがおっしゃっていることが表せると思います。「正直で素直なあり方はあなたを無防備にするだろう。それでもなお、正直で素直なあなたでいなさい。」ここまでは一緒です。「なぜなら、神さまがそれを望まれ、神さまご自身があなたの逃れの町となって、あなたを支えてくださるからです。」

　よりよく生きろと言われただけでは、そのように生きることはできない。でも神さまご自身がそのことを望まれ、そのために私たちに新しいいのちを与えてくださっている。だから私たちは正直に、率直に、無防備に生きることができるんです。もちろん「今日は率直で正直じゃなかったな」「あの人に自分を偽ってしまったな」と日々そういうことの繰り返しです。でもいっぺんにそこに到達しなかったからと言ってがっかりしたり、止めたりしてはならない。もう始まっているんです。新しいいのちが、もう私たちの内に、もう始まっているのです。たとえ無防備になるとしても正直で率直に生きたいという願いがあること自体、私たちの中に大きなことが始まっている証《あかし》です。始まったものは成長してゆく。

ただし、神さまの胸の中で成長することを願う時、一つ気をつけなければならないことがあると思います。成長というと私たちはよく何か目標を設定して、背伸びをして何とかそこに届こうとするんです。そうして背伸びをして「やっぱり届かなかった、届かなかったからダメなんだ」と言って諦める。そういうことをずっと繰り返しているのではないかと思う。でも、それは間違いだと思います。植物が成長する時にはまず根を張る。同じように、背伸びをするんじゃなくって、神さまという動くことがない土台にしっかり足を踏ん張るならば、そのとき、私たちは成長していくことができる。

神さま抜きに成長しようとしないでください。私たちは不信仰で、私たちは弱い。いつも申し上げることですけれども「あの人は信仰が強いけれども、私は信仰が弱い」って比較して、落ち込んで、しゃがみこんで……。それを一生繰り返さないでください。私の信仰の弱さも、また神さまに知られています。それを知っていて「そうだ。だからわたしがいる」とおっしゃってくださる。そういう神さまに、不信仰な私は足を踏ん張るんです。神さまという土台は私の不信仰ぐらいで動じるようなものじゃない。そこに足を踏ん張るとき、そこから私たちの宣教は始まっています。人と比べる必要はない。自分を見て絶望する必要はない。ただ逃れの町である神さまに逃れて、逃げ込んで、そこで学ばせていただこうではありませんか。

短くひと言祈ります。

「すべて疲れた人、重荷を負っている人はわたしのもとに来なさい。わたしがあなたがたを休ませてあげます」と私たちのために、本当に何も惜しむことをなさらず、いのちのすべてを与えてくださったイエス・キリストの招きをありがとうございます。そして、もうすでにあなたと一緒にくびきを担わせていただいている私たちであることをありがとうございます。今率直に、正直に、私が足りないことを、私がダメであることを、主よ、あなたに告白いたします。だからこそ、主よ、あなたは私たちのために血を流してくださり、私を癒し、今も仲間と共に成長させてくださっていることをありがとうございます。続いてみ胸の中を歩ませてください。

尊いイエス・キリストのお名前によってお祈りいたします。アーメン。

恐れてはなりません

聖書　申命記20章1～8節

1 あなたが敵と戦おうと出て行くとき、馬や戦車や、あ
なたよりも多い軍勢を見ても、彼らを恐れてはならな
い。あなたをエジプトの地から連れ上ったあなたの神、
主があなたとともにおられるのだから。2 あなたがたが
戦いに臨むときには、祭司が進み出て民に語りかけ、3
彼らに言いなさい。「聞け、イスラエルよ。あなたがたは今日、敵との戦いに臨もうとして
いる。弱気になってはならない。恐れてはならない。うろたえてはならない。彼らのこと
でおののいてはならない。4 あなたがたの神、**主**があなたがたとともに行って、あなたが
たのために敵と戦い、あなたがたに勝利を得させてくださるからである。」5 つかさたち

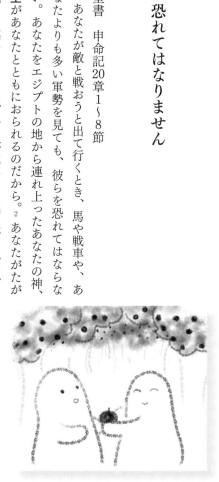

は民に語りかけて言いなさい。「新しい家を建てて、まだそれを奉献していない者はいな
いか。その人は家に帰るがよい。戦死して、ほかの人がそれを奉献するといけないから。
6 ぶどう畑を作って、まだその初物を味わっていない者はいないか。その人は家に帰るが
よい。戦死して、ほかの者が初物を味わうといけないから。7 女と婚約して、まだ結婚し
ていない者はいないか。その人は家に帰るがよい。戦死して、ほかの人が彼女と結婚する
といけないから。」8 つかさたちは、さらに民に語りかけて言わなければならない。「恐れ
て弱気になっている者はいないか。その人は自分の家に帰るがよい。兄弟たちの心がその
人の心のように萎えるといけないから。」

早くも12月になりました。今日はアドベント第一主日の礼拝にようこそいらっしゃいました。今日のところは戦争のことが書いてあるんですが、ここを読むとイスラエルの戦争というのがいかに独特なものかがわかるんです。

「新しい家を建てて、まだそれを奉献していない者はいないか。その人は家に帰るがよい。……ぶどう畑を作って、まだその初物を味わっていない者はいないか。その人は家

に帰るがよい。……女と婚約して、まだ結婚していない者はいないか。その人は家に帰るがよい。」（20・5―7）

それぞれ事情がある人は家に帰るがよい、と繰り返されています。そして最も独特なのが8節。

「恐れて弱気になっている者はいないか。その人は自分の家に帰るがよい。」（20・8）

世界中どこを探しても、おそらくこういう軍隊はないです。恐れて弱気になっているならば鬼軍曹が出てきて「そんなのは男らしくないんだ、精神を叩きなおしてやる」と腕立て伏せかなんかをして鍛えさせる。それが軍隊というものです。ところが、イスラエルの軍隊は無理をしない。無理をさせない。心残りのある者、婚約中の者、まだ住んでいない家のある者、作ったばかりのぶどう畑が心配で放っておけない者、心残りのある者、あるいは弱って恐れがある者は戦う必要がない。なぜならイスラエルの軍隊は神さまの胸の中で生き、神さまの胸の中で戦うから。戦いの時も神さまの胸の中で抱きしめられながら戦う軍隊だからです。何もかも犠牲にする総力戦を繰り広げてようやくぎりぎり勝つような、そんな軍隊ではないということなんです。弱っている者や心残りのある者を労わりながら、それでも充分に勝利を収めてゆくことができる。それがイスラエルの軍隊であり、イスラエルの戦いです。

私たちの毎日も余裕を忘れて生きる必要はない。「人を押しのけ、人から奪い取らなければ生きていけない」などと思う必要はない。神さまの恵みは人から取らなければならないようなものではありません。ふんだんにあります。このことを人生において知っているかどうかは、私たちの人生を決定的に左右します。神さまの胸の中で生きるならば、余裕を持って愛しながら生きていくことができる。与えながら、譲りながら生きていっても大丈夫。

「恐れるな、恐れてはなりません」と言いますけれども「恐れるな」ってどういうことなのか。虚勢を張って「僕は怖がってないぞ！」って言うことが「恐れない」ということじゃない。目をつぶって敵に向かっていくことでもない。それって本当はめちゃめちゃ恐れている。そうじゃなくって「譲っても大丈夫だ」と神さまの胸の中でほんわかしていることができる、それが本当の勇気であり、本当に恐れないということです。

それにしても、ここで戦争が肯定的に描かれているというのはやっぱり戸惑いがあります。イエス・キリストは平和をもたらすために来たのではないか。それなのに旧約聖書には皆殺しにしろとか何とか、そんなことが書いてある。一体どういうことか。実はこれは2000年の間、キリスト教会が忍耐強く取り組んできた課題です。中世のころ、ヨーロッパで神の平和運動っていうことが起こったことがあります。最初は金曜日の日没から月曜日の早朝までを戦争してはいけないことにしたんですが、後には水曜日の夕方から月曜日の早朝までになった。さらに教会の祝祭日もダメだから、アドベント期間中も戦争できない。そうすると戦争をしちゃいけない日は結局、年間二百六十日。最初のころはそれが守られていたんです。そうなると職業的な軍人というのは成り立たない。戦うのは月曜と火曜、水曜しかない。休みながらやってると勝負がつかない。戦争そのものが馬鹿馬鹿しくなるように、教会はそういう知恵を実践しました。実際、一定の効果を発揮した時期もあるわけです。

戦争についていろいろと考えて取り組みながら、教会はいくつかのことを学んできたと思います。第一に、正しい戦争なんてないってことです。全ての戦争は人の弱さと愚かさの表れであって、神のみ心である戦争なんか何一つない。男山病院の裏にある改革派男山教会のM牧師は（当時）広島のご出身です。カトリックの中学校へ通っていたので、38年前にヨハネ・パウロ二世が来日した時に、学校で引率されて平和公園でのメッセージを直接聴いたそうです。今もはっきりと覚えているとよく話してくれるんですけど、ヨハネ・パウロ二世は

「戦争は人間のしわざです。戦争は人間の生命の破壊です。戦争は死です」と言ったそうです。戦争は神の業《わざ》ではない、神のみこころなんかじゃない、人間が勝手にやっていることだと断言した。私もその通りだと思います。「正しい戦争」なんてない。

二番目に、神さまはいつも平和の実現を願っておられる、そのために働いておられる。ついに御子を送って、決定的な解決を与えてくださった。それがクリスマスです。イエス・キリストはこの世に平和をもたらすために来たんです。「そうは言ってもその後も戦争はなくなっていないじゃないか」と思うかもしれません。それは確かにそうだけれども、しかし平和のために一番大切な第一歩はもう始まっているんです。どこで始まっていますか。ここにいる私たちの中に始まっています。神の子とされている私たちは、人を押しのけるのではなく、自分を与えてこの世界に平和を作り出したいと願う者たちです。一番大事なことはもう始まっています。

でも三番目、世界の破れ、つまり戦争が完全に終わり、破れが繕われるのは再臨の日です。いつの日かわかりませんけれども、イエス・キリストがもう一度この世界に来てくださるまで戦争はなくならない、人の弱さゆえに、愚かさゆえに。だからイエス・キリストを信じる者は忍耐、そして希望を持ってこの世界を支えていきます。

次に四番目、クリスチャンが武器を取ることが許されるかどうかについてですが、これは議論があるところです。一切武器を取るべきじゃない、たとえ殺されても抵抗すべきじゃないという人々もいるし、自衛のためなら武器を取るべきなんじゃないだろうかという人もいる。どちらもクリスチャンです。あるいは、戦争が起こらないように最初から武力で戦う必要があると考えるクリスチャンもいる。教会は2000年の歴史を通して、すべての人のすべての状況に共通する単純な答えは存在しないということを学んできました。人間の様々な弱さや愚かさにはいろんな表れ方があるので、ある時にはやはり自分を守るために戦わなければならないこともあるだろう。だからと言って、いつも戦うという単純な話でもない。

クリスチャンたちは時に逃げたり——逃げるっていうのは一番いいと思いますが——徴兵を拒否したり、やむなく戦ってたりしてきました。でも大事なのは、何を選択をしたにしても常に「あれで良かったのかな」「神さまはどういうことを願っておられるのかな」と訊ねながら悔い改め、もっとよい解決策を求め続けること。正しい選択だったとしても、そこに潜む捻じれた思いが必要以上の戦いを生み出してしまうことだってよくあります。だからいつも自分を吟味して悔い改めるのは不可欠です。唯一の正しい選択がいつもあるわけじゃない、私たちの弱さのゆえに、また私たちに敵対する者の愚かさのゆえに。でも悔い改めつつ神さまのみ思いを願い続け、求め続ける。そこに私たちの成長があります。

覚えておいていただきたいのは、イスラエルの戦争の話は非常に特殊な状況の中で述べられているということです。イスラエルはエジプトの奴隷でしたが、そこから助け出されてカナンの地、現在イスラエルがある所に入ろうとしています。すでに先住民族がいるので、そこに入ろうとすると必ず戦争になります、その人たちが黙って土地を譲ってくれるわけはありませんから。だからここの箇所は戦争か平和かという話をしているんじゃなくて、戦いが避けられない現実の中でどうに生きるべきかを語ってるんです。特に17節のようなところを読んで人々は良く「キリスト教は残酷だ」と言いますね。

「すなわち、ヒッタイト人、アモリ人、カナン人、ペリジ人、ヒビ人、エブス人は、あなたの神、**主**が命じられたとおり必ず聖絶しなければならない。」(20・17)

聖絶というのは、一人残らず殺すということです。キリスト教会の礼拝の中で「一人残らず殺せ」という聖書が読まれると、教会はそういうことを教えているんだと誤解を受ける。誤解を受けかねない。しかしこの背後には、今からカナンに入っていくという特殊な状況、理由があった。

「それは、彼らが、その神々に行っていたすべての忌み嫌うべきことをするようにあなたがたに教え、あなたがたが、あなたがたの神、**主**の前に罪ある者とならないようにするためである。」（20・18）

この先住民族の人々は、時に自分の子どもを火で焼いて自分たちの神にささげるようなことをしてたんです。そういう宗教がイスラエルに入ってくることがないように、戦いはどうしても必要であった。神さまの苦渋の選択だった。「じゃあそもそも、なんでカナンに入っていくのか。わざわざ人がいるところに入っていかなくてもいいじゃないか」とも思いますけれども、イスラエルが神の支配される国を築き、それを通して世界が救われるためにはどうしても通らなければならないところでした。

2000年前にイエス・キリストがお生まれになって、私たちはもう皆殺しにしたり、されたりするようなことはない。なぜなら、先ほども申し上げたキリストが与える平和が私たちの中に始まっていて、そして実現してゆくから。私たちは自分が置かれた状況で恐れる必要はありません。「誰かを殺さなければ生きていけない」などと考える必要がないんです。恐れてはなりません。決して恐れてはなりません。自分の思いを超えた神さまのみ思いを求めてください。何か選択をする時に、私たちはいつもこの神さまのみ思いに委ねながら、安心して、余裕を持って、愛しながら進んでいくことができる。このことを覚えておいていただきたいと思うのです。

『ハクソー・リッジ』(*Hacksaw Ridge*) という、沖縄戦を扱ったアメリカ映画があります。日本人としては見るのに抵抗があるんだけれども、どうしても必要があって観ました。そこに出てくるのはドス二等兵という、土曜日に礼拝を守るセブンスデイのクリスチャン。彼は良心的兵役拒否者、つまり「人を殺すことは自分の宗教に反する」という理由で徴兵を拒否する人なんです。当時のアメリカではそういう人は刑務所で戦争が終わるのを待つという選択肢もあったけれども、この人は違った。自ら志願して「私は戦争に行く。行きたい。ただし武器を持たないで看護兵として、人の命を助けるために行く」と言ったんです。ところが実際は、看護兵にも銃を撃つ訓練があるんです。彼は銃に触らない、触れないので軍法会議にかけられるんですが、不思議なように部隊に加わることを許されて、結局銃を一度も握ることなく何度も転戦し、最後に沖縄に送られるわけです。

ハクソー・リッジというのは「弓のこ」という意味で、現在の浦添市にある前田高地という所です。切り立った崖に縄梯子が設置されていて、そこを六人ぐらいずつが登っていくんですが、上には日本軍がいるわけです。凄惨な戦いで、アメリカ側はある40人の部隊のうち四人しか生き残らなかった。日本の方も多くの犠牲者を出しています。みんなその縄梯子を使って撤退するんですけど、ドス二等兵だけがそこに残るんです。夜通し走り回って、一人ずつ引きずってきて、ロープで降ろしていくんです。怪我した人をロープに吊るして、下にいるアメリカ側に上から次々と降ろすわけです。アメリカ兵も日本兵も合わせて、結局75人の命を救った。本人も負傷しながらも帰ってくるんです。

彼は2006年まで生きていて、本人のインタビュー映像も見ました。「神さまもう一人だけ助けさせてください。」そういうふうに祈りながらけが人を背負い、助けていったそうです。彼は英雄だったという、そういう単純な話じゃありません。映画には彼の上司も出てきてこう言います。「私も聖書を信じ、神を信じるクリスチャンだ。けれども私はライフルを持って仲間を守らなければならない。」それはそれで、また一つの考え方だろうと思います。全員がドス二等兵みたいだったら、それはそれでとんでもないことになります。

彼の行動が唯一の正解というわけではないですし、みんながそういうことをできるわけでもない。でも心配しなくていい。恐れている人は帰っていいんです。恐れて弱気になっている者は、家に帰ってよいのです。自分にできることをすればいい。それをするための力は神が与えてくださる。神さまの胸の中で生きるならば、自分が本当にできると思うことをやったらいい。

「すべての人の、すべての状況に共通する単純な答えは存在しない。」これは戦争の問題に限らず非常に重要なことです。誰かに言われたことをうのみにして、自分で考えることを止めてはならないのです。たとえ牧師に言われたことだとしても、自分で考えることを止めてはならない。牧師はあなたが置かれている状況の全てを細かくわかっているわけじゃありません。それぞれが置かれた状況の中で、神の子とされた一人ひとりが、子として父なる神さまのお心に思いを巡らしながら、そして仲間と相談し、祈り合い、語り合いながら、自分自身に与えられた使命に応え、ともに世界の破れを繕っていく。私たちはそのように生きていきます。

さて、私たちは余裕をもって生きることができる。それはキリストが誰よりも激しく戦ってくださったからなんです。もう一箇所、新約聖書を開きましょう。私がしばしば引用する箇所です。

「そういうわけで、子たちがみな血と肉を持っているので、イエスもまた同じように、それらのものをお持ちになりました。それは、死の力を持つ者、すなわち、悪魔をご自分の死によって滅ぼし、死の恐怖によって一生涯奴隷としてつながれていた人々を解放するためでした。」（ヘブル2・14〜15）

この箇所が言っているのは、イエス・キリストは十字架でただ死んだだけじゃなくて、それによって死の力を持つ悪魔を滅ぼしたということです。悪魔と言っても耳がとんがっているとか、尻尾が矢印だとかそういう存在を想像する必要はなくて、悪の力と考えてください。私たちが本当に愛し合う生き方をしたいと思っても、私たちよりも強い力がそれを妨げ妬みや怒り、惨めな思いを掻き立てて罪を犯させる。そういう力が、この世界には確かにあるわけです。しかし神は私たちがそんな力の奴隷になっていがみ合い、争い合い、戦い合っているのを放っておくことがおできにならなくて、御子イエス・キリストを十字架につけてしまわれた。悪の力はつかみがたい力です。けれでも、イエス・キリストは十字架にかかる時、羽交い絞めするようにしてそのつかみがたい悪をつかんで十字架の上に引きずり上げ、神の怒りの刃によってご自身もろともに貫き通されてくださった。そうすることによってしか悪の力を滅ぼすことができなかった、だからそうしてくださった。それは私たちが神さまにとってそれほど大切だからなんです。神さまは私たちが愛し合うことができないことを本当に残念に思ってくださり、心を痛めてくださり、悪の力を滅ぼしてくださった。

そこには何の容赦もない。聖絶という言葉は最近ではあまり好まれないけれども、本当の聖絶とは悪の力の聖絶。たち滅ぼす。なぜなら父と子は私たちをご自分から遠ざける者を決して赦さないから。私たちが神さまの胸の中で生きることを妨げる者を、神さま決して赦さない。罪、そして悪の力は私たちと神さまとの間に断絶をもたらす。だから滅ぼす。私たちと神さま。また私たちと私たち仲間同士を断絶する死も決してお赦しにならない。私たちが神の胸に抱かれていつまでも生き続けるように、死も滅ぼしてくださった。私たちが愛おしい、だから悪に対しても死に対しても容赦されないわけです。十字架の上で、神の愛が私たちの胸を突くようなかたちで、これ以上ないかたちで現された以上、その前と後で世界は同じではありえません。

「わたしには天においても地においても、すべての権威が与えられています。ですから、あなたがたは行って、あらゆる国々の人々を弟子としなさい。父、子、聖霊の名において彼らにバプテスマを授け、わたしがあなたがたに命じておいた、すべてのことを守るように教えなさい。」（マタイ28・18〜20）

イエス・キリストには天においても地においてもすべての権威がある。この世界を支配しているのは誰なのか。それはイエス・キリスト。私たちはその権威によって語り、イエス・キリストの名によって愛し、世界の破れを繕うことができる。悲壮な決意をする必要はない。キリストがすでに支配してくださった。すでに悪の力を滅ぼして勝利してくださった。私たちはその勝利の果実を一つずつ丁寧に拾っていけばいい。

先週は福島県に行って、台風19号の被災地の支援のためにりんご園にうかがいました。須賀川のりんご園には2メートル位の水が来て、ほとんどのりんごは水に浸かってダメになってしまいました。その中で生き残ったりんごが「ガンバりんご」って呼ばれてます。頑張って生き残ったので「ガンバりんご」。形がいびつだったり、大きさにばらつきがあったり、そんなに赤くなかったりいろいろありますが、みなさまへのお土産として求めてきましたので後で一つずつお持ち帰りください。ガンバりんごを食べて頑張ってください。

収穫したりんごを入れる箱が泥だらけになってしまったので、高圧洗浄で洗って、洗い残しはタワシでこすって、最後にもう一度高圧洗浄をかけるっていう作業をしてきたんですけれど、箱がもう泣きたくなるくらいたくさん積んであるんですよ。四、五人がかりで午前中は30個ぐらい。午後は段々ペースが上がっては来ましたけれども、それでも一日で半分くらいしか終わりませんでした。

東北のボランティアというと、自分が最初行った時のことを思い出すんです。東日本大震災、あの年のゴールデンウィークの少し前だったかにいわき市へ行きました。津波で中まで泥が入ってしまった診療所。「この中にあるものを、自宅の方まで運んでください」ということで、お手伝いしたわけです。そうしたら次の日、「持ってきてくれたものを診療所の方に戻してくれ」と言うんです。教会からも送り出されていますし、本当に役に立つことがしたいと思っていたので船田肖二先生（白河栄光教会）に「先生、ちゃんとしたコミュニケーションを取ってから指示を出してもらえませんか」と言いました。そしたら「ご主人の気持ちもいろいろ揺れてる、そこに丁寧に寄り添うことが復興支援なんだ」とおっしゃった。その時はいまいちわかりませんでしたが、後でいろいろ考えました。ひょっとしたらあのお医者さんは最初の日、「もうだめだ、もう診療なんかできない、もうここは畳もう」と、多分そう考えてたんだろう、でも一晩考えて「やっぱりこの町の人たちともう一度生きていこう、この町の必要にもう一度応えていこう」と考え直されたんじゃないだろうかと。

世界を救うために、意義あることを少しでも多くしなければならないと考えるなら、神さまの胸の中で生きる事とは程遠いと思います。自分が世界のヒーローのように思いこむのはメシア・シンドローム、救世主症候群と言われますが、そうじゃなくって、無駄なことをたくさんやったらいいと思うんです。神さまは無駄なことを無駄にされない。だから、それぞれが置かれた場所で、神さまの胸の中で、小さなことを丁寧に一つずつなしていく。その時に世界の破れが、ほんのちょっとかもしれないけれど、深いところから繕われていく。そういうことを覚えておいていただきたいと思います。

さて、今日からアドベント、待降節です。「待降」というのは降りてくるのを待つ、キリストが降りて来られるその日を待つ、ということ。世界で最初の待降を経験したのはイエス・キリストの母です。

「すると、御使いは彼女に言った。『恐れることはありません、マリア。あなたは神から恵みを受けたのです。』」（ルカ1・30）

旧約聖書にも新約聖書にも「怖がることはない」「恐れることはない」ということばがたくさん出てきます。

「見なさい。あなたは身ごもって、男の子を産みます。その名をイエスとつけなさい。その子は大いなる者となり、いと高き方の子と呼ばれます。また神である主は、彼にその父ダビデの王位をお与えになります。」（ルカ1・31〜32）

要するに御使いは「恐れてはならない。あなたは処女だけれど妊娠する。聖霊によって神の御子を身ごもる。でも恐れなくていい。今、素晴らしいことが起ころうとしている。その御子が世界に平和をもたらす。愛が破れてしまったこの世界に回復が訪れる」と伝えた。だけど「怖がるな」って言われたって、これは絶対に恐れる。怖くてあたりまえです。しかし、恐れながらもマリアは返事をしました。

「マリアは言った。『ご覧ください。私は主のはしためです。どうぞ、あなたのおことば

どおり、この身になりますように。』」（ルカ1・38）

彼女は恐れながらもこのように答えることができました。「恐れながらも」というのが大事な点だと思います。この世界は恐れ知らずの、英雄的な人間によって回復されてゆくのではない。恐れることがない人間は危険です。どこかが麻痺しておかしくなっている。「恐れるな」というのは「恐れがない人間になれ」と言っているのではありません。そうじゃない。神さまは「恐れるあなたに、わたしはいる」とおっしゃっているのです。「恐れるあなたとともに、わたしはいる。恐れるあなたの手を、わたしが取る。だからわたしと歩いて行こう」と招いてくださっています。短くひと言祈ります。

恵み深い天の父なる神さま。この朝もあなたは私たちに「恐れることはない。わたしがいるから、恐れることはない。恐れつつも、わたしの胸の中で、わたしと一緒に生きたらいい。あなたは余裕をもって愛し、与えながら生きることができる」とおっしゃってくださってている。それを覚えて、ありがとうございます。私たちの生涯をそのように導いてください。恐れつつもあなたとともに、歩むことができますように。尊いイエスさまのお名前によって祈ります。アーメン。

キリストによる祝福

聖書　申命記21章1～23節

1 あなたの神、主があなたに与えて所有させようとして
おられる地で、刺し殺された者が野に倒れているのが見つ
かり、だれが殺したのか分からない場合、2 あなたの長老
たちとさばき人たちは出て行って、刺し殺された者から周
りの町々への距離を測りなさい。3 そして、刺し殺された
者に最も近い町が分かれば、その町の長老たちは、まだ使役されたことも、くびきを負っ
て引いたこともない雌の子牛を取りなさい。4 その町の長老たちはその雌の子牛を、まだ
耕されたことも種を蒔かれたこともない、絶えず流れる谷川へ連れて下り、その谷で雌の
子牛の首を折りなさい。5 それから、レビの子らである祭司たちが進み出なさい。あなた

の神、主が、ご自分に仕えさせ、また主の御名によって祝福を宣言するために選ばれた者
は彼らであり、いかなる争いも、いかなる傷害事件も彼らの判決によるからである。6 刺
し殺された者に最も近いその町の長老たちはみな、谷で首を折られた雌の子牛の上で手を
洗い、7 証言して言いなさい。「私たちの手はこの血を流しておらず、私たちの目はそれを
見ていない。8 主よ、あなたが贖い出された御民イスラエルをお赦しください。咎のない
者の血を流す罪を、御民イスラエルのうちに負わせないでください。」こうして彼らは流血
の咎を赦される。9 このようにして、あなたは、主の目にかなうことを行うとき、咎のな
い者の血を流す罪をあなたがたの中から除き去ることができる。
10 あなたが敵との戦いに出て行き、あなたの神、主がその敵をあなたの手に渡し、あなた
がそれを捕虜として捕らえたとき、11 その捕虜の中に姿の美しい女を見て、恋い慕い、自
分の妻としようとする場合には、12 彼女をあなたの家の中に連れて行きなさい。彼女は頭
を剃り、爪を切り、13 捕虜の衣を脱ぎ、あなたの家にいて、自分の父と母のため一か月の
間、泣き悲しまなければならない。その後、あなたは彼女のところに入り、彼女の夫とな
り、彼女はあなたの妻となる。14 もしあなたが彼女を気に入らなくなったなら、彼女を自
由に去らせなさい。決して金で売ってはならない。あなたはすでに彼女を意のままにした

のであるから、彼女を奴隷として扱ってはならない。
[15]ある人が二人の妻を持ち、一人は愛され、もう一人は嫌われていて、愛されている者も
嫌われている者もその人に男の子を産み、長子が、嫌われている妻の子である場合、[16]そ
の人が息子たちに財産を受け継がせる日に、長子である、その嫌われている妻の子を差し
置いて、愛されている妻の子を長子として扱うことはできない。[17]嫌われている妻の子を
長子として認め、自分の全財産の中から二倍の取り分を彼に与えなければならない。その
子は父の力の初穂であるから、長子の権利は彼のものである。

[18]ある人に強情で逆らう子がいて、父の言うことも母の言うことも聞かず、父母に懲らし
められても聞こうとしない場合、[19]その父と母はその子を捕らえ、町の門にいる町の長老
たちのところへ連れ出し、[20]町の長老たちに、「私たちのこの息子は強情で逆らいます。私
たちの言うことに聞き従いません。放蕩で大酒飲みです」と言いなさい。[21]町の人はみな
彼を石で打ちなさい。彼は死ななければならない。あなたがたの中からその悪い者を除き
去りなさい。イスラエルはみな聞いて恐れるであろう。

[22]ある人に死刑に当たる罪過があって処刑され、あなたが彼を木にかける場合、[23]その死
体を次の日まで木に残しておいてはならない。その日のうちに必ず埋葬しなければならな

い。木にかけられた者は神にのろわれた者だからである。あなたの神、主が相続地としてあなたに与えようとしておられる土地を汚してはならない。

待降節第二主日の礼拝にようこそいらっしゃいました。先ほど子どもたちのために「イエスさまはほんとのクリスマスの贈り物」というメッセージが語られました。今日の大人のメッセージも、煎じ詰めればそういうことです。イエスさまが来てくださった、そのことの祝福です。今日の箇所にもまた不思議な神さまの命令が記されています。「聖書ってどうせこんなことしか書いてないだろうな」と思って読んでると、大抵思ってたのと全然違うことが書いてある。

1節には、刺されて倒れている人が野で見つかり、誰が殺したのか分からない時のことが書いてあります。つまり犯人がわからない殺人事件です。目撃者がいないわけです。現代なら鑑識が出動して指紋や遺留品を捜査するというところですけれども、当時はそういうことがありませんから、目撃者がいなければたちまち迷宮入りなんです。誰も見ていないのだからわからない、しょうがない。ところが神さまは「いやそうじゃない、これを迷宮入りだといって終わらせてはならない」とおっしゃるんです。

「あなたの長老たちとさばき人たちは出て行って、刺し殺された者から周りの町々への距離を測りなさい。」（21・2）

殺人現場から一番近い町はどこかを調べる。そしてその町の人々が事件の処理に当たらなければならない。もちろん、距離的に一番近いからといってその町の誰かが犯人だとは限らないわけです。全然違うかもしれない。それにも関わらずこのような命令が与えられているのには理由があります。神さまによれば、どんな罪もそのままで済ませてはならないんです。犯人がわからないからしょうがないんだと言って済ませてはならない。そこでなすべきことは何か。

「そして、刺し殺された者に最も近い町が分かれば、その町の長老たちは、まだ使役されたことも、くびきを負って引いたこともない雌の子牛を取りなさい。その町の長老たちはその雌の子牛を、まだ耕されたことも種を蒔かれたこともない、絶えず流れている谷川に連れて下り、その谷で雌の子牛の首を折りなさい。」（21・3〜4）

この子牛は犯された殺人の罪の贖《あがな》いです。一番近い町の人々は、殺人者に変わって、殺された人のために嘆き、そして殺しの罪の赦しを願わなければならない。これは私たちの感覚からすると非常に奇妙なことに思えます。私たちは罪というのは「個人」が犯すものだと考えているからです。ですから殺人事件などが起こると「犯人はひどいやつだから、あんな人間は許されてはならない、死刑にしなければならない、抹殺しなければならない」というわけです。しかし、神さまは、ただその殺人者一人だけに罪があるとはおっしゃらない。その殺人者が罪を犯すのに至ったのには共同体、つまり町のみんなにも責任があると考えます。その人は乱暴な人だったかもしれないし、実際抑えようのない怒りを持っていた人だったのかもしれません。しかしそれでも、周りの人々には仲間としてその人をケアし、教え諭し、受け入れ、癒やし、神さまの胸の中でともに生きる責任がある。だから殺人事件が起こってしまった時には、共同体は自分たちの責任を十分に果たし得なかったことを嘆き、悔い改めて神の赦しを請う必要がありました。

『『主よ、あなたが贖い出された御民イスラエルをお赦しください。咎のない者の血を流

す罪を、御民イスラエルのうちに負わせないでください。』こうして彼らは流血の咎《とが》を赦される。」(21・8)

誰も自分で罪を贖うことはできません。だから、牛が屠《ほふ》られる。だけど私たちみんなが知っているように、関係ない子牛を屠ったところで私たちの罪が赦され贖われるわけではないんです。動物犠牲が目指した「罪の赦し」は、キリストが来られるまでは達成されませんでした。キリスト教会は、こういう動物の犠牲は「キリストの十字架」の象徴だと考えてきました。キリストが最初のクリスマスにこの地に来られて初めて、動物犠牲が本当に目指していたものが「十字架による罪の赦し」であったと明らかになりました。そして、それが実現いたしました。

「ある人に死刑に当たる罪過があって処刑され、あなたが彼を木にかける場合、その死体を次の日まで木に残しておいてはならない。その日のうちに必ず埋葬しなければならない。木にかけれた者は神にのろわれた者だからである。あなたの神、**主**が相続地としてあなたに与えようとしておられる土地を汚してはならない。」(21・22〜23)

「地を汚す」というのは、神さまの胸の中で生きるイスラエルに破れが生じるってことです。神さまと人との間に破れが生じ、仲間同士の間に破れが生じる。それが「地を汚す」ということ。これから戦いや偶像礼拝、またいろいろな誘惑が待つカナンに入っていこうという状況で、これ以上、地が汚され破れが広がらないために、神さまが死刑をお命じにならなければならないこともあったわけです。その時神さまは「木に架けられる者はのろわれる。罪を犯す者はのろわれる」とおっしゃった。「のろう」というのは嫌《いや》な言葉です。「あなたをもう祝福しない」という宣言です。祝福を絶つということです。

そもそも私たちはみんな罪人です。神さま、そして隣人との間にしばしば破れを作り出してしまう、罪人の私たち。落ち着いてよく考えるならば、私たちは常に地を汚している自分たちの姿を認めざるを得ないわけです。だから神にのろわれるべき者。それが私たちの本当の姿です。しかし神さまは私たちをのろわれた者としてそのままにしてはおかれませんでした。神さまにはそんなことはおできにならない。神さまは「祝福の神」であって、罪人をのろい続けるということがおできにならない、私たちから祝福を絶つことはおできにならない。だから御子を送ってくださいました。ガラテヤ人への手紙にこのようにあります。

「キリストは、ご自分が私たちのためにのろわれた者となることで、私たちを律法ののろいから贖い出してくださいました。『木にかけられた者はみな、のろわれている』と書いてあるからです。」（ガラテヤ3・13）

この「木」をキリスト教は「十字架」だと解釈しています。神さまは私たちをのろいたくない。罪を犯した私たちにも関わらず、祝福を絶つことをなさりたくない。だから、こともあろうに御子キリストをのろってくださいました。従順なる愛する御子キリストを、決してのろわれるはずのない、そんなことは決してあってはならない「キリスト」をのろってくださったのです。そんな恐ろしいことをしてくださったのは私たちのためです。日々この地を汚し、絶えずこの世界に破れを作り出してしまう私たちのために、神さまは御子キリストをのろってくださいました。

クリスマスは木にかけられる、十字架にかけられるキリストがお生まれになった時です。そこに神さまのほんとにあたたかな愛が現れている。でもその愛は神さまにとって胸の張り裂けるような痛みを伴う愛であったということを、私たちは知っておく必要があると思います。クリスマスの祝福は「キリストによる祝福」です。私たちのためにのろわれてくださったキリストによる祝福です。

先週、衝撃的なニュースが飛び込んできました。アフガニスタンで活動中だった医師、中村哲さん（なかむら・てつ、1946 - 2019）が銃で撃たれて殺されました。この人はお医者さんなんですけれども「何百人もの医者よりも一本の用水路がアフガニスタンの人々を救う」ということがわかったので、専門家でも何でもないけどいろいろ調べたりして、そんなに大きくもない重機と人力で25キロメートルの用水路を建設した人物であります。それによって10万人の人々が助かりました。多くの著書がありますが、その中に『天、共に在り　アフガニスタン三十年の戦い』（ＮＨＫ出版）という自伝があります。中村哲医師は西南中学というミッションスクールで在学中、洗礼を受けたクリスチャンで、この『天、共に在り』というタイトルはマタイによる福音書1章から取られています。

「『見よ、処女が身ごもっている。そして男の子を産む。その名はインマヌエルと呼ばれる。』訳すと、『神が私たちとともにおられる』という意味である。」（マタイ1・23）

「神」が私たちと共におられるっていうことを、一般の人にもわかりやすいように「天」と書き変えたんだと思います。中村医師は、神さまが共におられる生き方がどういうものかを見せてくれた人だと思います。「神さまが共におられる生き方」とは、私がよく用いる言い方ですと「神さまの胸の中で生きる生き方」ということでしょう。確かに大きなことを成し遂げた方だと思います。でも、なしたことが大きいか小さいかというのはあんまり関係ありません。それぞれが置かれた場所で、神さまから与えられている使命に、大胆に喜びを持って仕える。そのような生き方が「神さまの胸の中で生きる生き方」です。そういう生き方はもう私たちに現れ、私たちにすでに与えられているということです。中村医師を見て「あの人は特別な人で私たちには関係ない、私たちには到底何もできない」などと言ってはならない。中村医師があのようなことをすることができたただひとつの理由は神さまの胸の中にいたから。これだけです。私たちにも同じ祝福が、キリストによる祝福がすでに与えられているのです。

中村哲医師が召されたのが12月4日。その10日前の11月24日に、ローマ教皇フランシスコが長崎県営野球場でミサをささげ説教をしたのですが、何人もの人が「今から振り返ると、あの説教はまるで中村哲医師のことを語ったようであった」と言っています。もちろん、教皇はこんなことが起こることは知らなかった訳ですけれども。この説教の日本語訳はカトリック中央協議会のホームページで公開されているんですが、その時読まれた聖書箇所はルカによる福音書23章、十字架のシーンです。イエス・キリストと共に十字架に架けられていた犯罪人の一人が言うわけです。

「『イエス様。あなたが御国に入られるときには、私を思い出してください。』イエスは彼に言われた。『まことに、あなたに言います。あなたは今日、わたしとともにパラダイスにいます。』」（ルカ23・42〜43）

教皇フランシスコが語ったのは次のようなことです。この日、誰もが十字架のイエスに無関心であった。「自分自身を救ってみろ」と言って無実な者の死を茶化していた。そこには本当の無関心があった。その時だけではない、今も同じような無関心がこの世界を覆っている。病気や障害のある人、ご高齢の方々、また難民や外国からの労働者たちが無関心の中で見捨てられている。だけど忘れるな。あの時、一人の犯罪人だけが「私を思い出してください」と信仰を告白した。そして彼は御国に生きる者とされた。

私が最も心打たれたのは次のことばです。「キリストは生きておられ、わたしたちに生きる者であってほしいと願っておられるのです。……宣教する弟子としての使命が、来るべきものの証言者や使者となることならば、わたしたちは、悪や悪行に身を任せてはいられません。反対にその使命は、家庭、職場、社会、どこであれ、置かれた場所で、神の国のパン種になるよう駆り立てるのです。聖霊が人々の間に希望の風として吹き続けるための、小さな通気口となるよう駆り立てるのです。（カトリック中央協議会訳 https://www.cbcj.catholic.jp/2019/11/24/19822/）」

中村哲医師は「自分はもうすぐ死ぬだろう。やがて死ぬだろう。その時にも用水路の建設ができるように、あるいは補修が続けられるように」と学校を作ったそうです。そして人々の暮らしが変わっていった。モスクも建設し、人々は用水路よりもそれを喜んだ。それがどういうことなのか、正しいことなのかどうなのかはわからない。現場にいなかった私たちがなんか「そういうことはいけないんだ」と言えるようなことではないだろうと思うんです。でもはっきりしているのは、そこに小さな「通気口」が開けられたということ。あのアフガニスタンに開けられたんです。9・11以来、世界中の標的となったアフガニスタン。その影で人々が飢えていた。そのアフガニスタンに小さな「通気口」を開けることができた。これからもその通気口から「聖霊の希望の風」が吹き続けるに違いないと思うんです。

最初の教会の最初の説教以来、教会がいつも語り続けてきたのは「今も生きておられるキリストが、私たちを生きる者にする」っていうこと。「もうそういう者にされている」って語り続けてきた。キリストによる祝福は私たちを「生きる者」としているんです。もう生きる者とされているんです。ただのろわれないっていうだけじゃない。ただ罪が赦されるっていうだけでもなくて「もうすでに、この世界で、神さまの心と思いを生きる者とされている」ということなんです。それぞれの場所に置かれた私たちにも、与えられた時間や財、賜物があると思います。私たちはそれらを軽く握って小さな通気口として「聖霊の風が私たちを通して希望の風として吹く通気口」として生きることができます。

短く一言祈ります。

恵み深い天の父なる神さま、この朝もこの二本のろうそくの灯る中で、あなたが与えてくださった本当に熱いご愛、痛みを伴うご愛をあがめます。どうか私たちが本当に無関心でいることがありませんように。あなたの思いを本当に尋ね求めることができますように。そしてこの世界に存在している私たちが、それぞれの置かれた場所で今週も祝福であることができますように。尊い主イエス・キリストのお名前によってお祈りいたします。アーメン。

知らないふりをしてはいけません

聖書　申命記22章1～4節
1あなたの同族の者の牛または羊が迷っているのを見
て、見ぬふりをしていてはならない。あなたの同族の者
のところに、それを必ず連れ戻さなければならない。2
もしその同族の者が近くの者ではなく、あなたがその人
を知らないなら、それを自分の家に連れて来て、同族の
者が捜しに来るまであなたのところに置き、それから彼に返しなさい。3彼のろばについ
ても同じようにしなければならない。彼の衣についても同じようにしなければならない。す
べてあなたの同族の者がなくした物をあなたが見つけたなら、同じようにしなければなら
ない。見ぬふりをしていることはできない。4あなたの同族の者のろば、または牛が道で

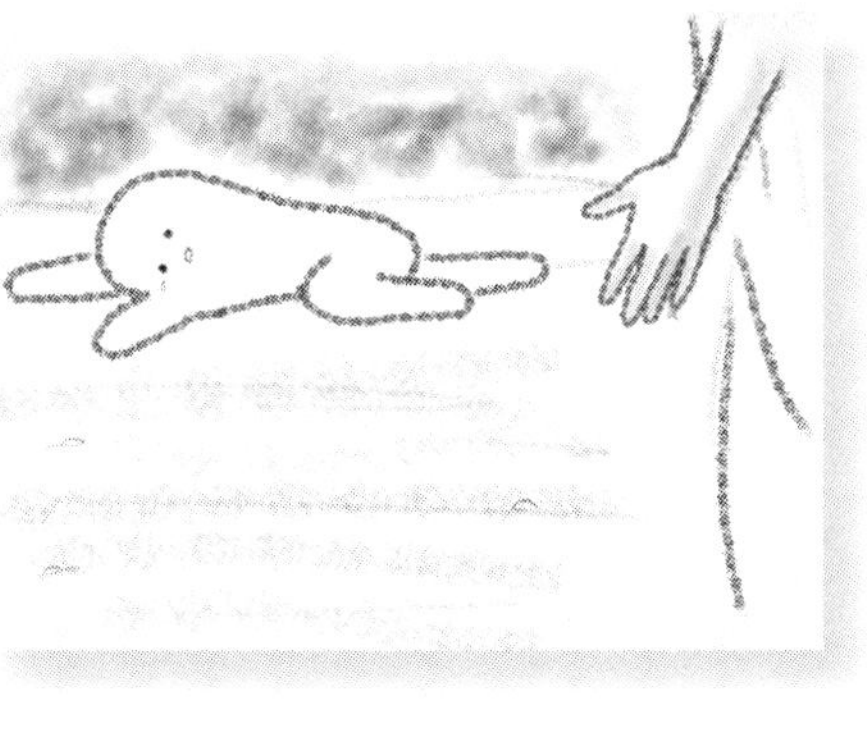

倒れているのを見て、見ぬふりをしてはならない。必ず、彼と一緒にそれを起こしてやらなければならない。

待降節第三主日の礼拝にようこそいらっしゃいました。ロウソクが三本ついております。仲間の牧師に今日の説教箇所は申命記22章だと申しましたら、「クリスマスの一週間前に申命記の22章ですか。大丈夫ですか」といわれました。大丈夫なんです。ここに書かれているのは牛や羊、ろばのことであって、イエスさまがお生まれになったクリスマスと何の関係があるのかと心配されるわけです。けれども牛や羊、ろばのことについて語っておられるのも、御子イエス・キリストをお遣わしくださったのも、同じ神さまです。この分厚い聖書に一貫して語られているのは、神さまがどのようなお方であるかということなんです。それにしても、ここは面白いところですね。

「あなたの同族の者の牛または羊が迷っているのを見て、見ぬふりをしていてはならない。あなたの同族の者のところに、それを必ず連れ戻さなければならない。」(22・1)

都会に住んでいる私たちからすると何かのどかな話に見えます。「牛や羊の話しなんてされてもなあ」と思うんですけれども、しかし実はこれ大変なことなんです。実際、迷子になった牛や羊を持ち主の所へ連れ戻すのはすごく大変。そもそも逃げ出してくるような牛や羊ですから、決して協力的ではありません。その彼らを帰りたくない所へ連れて行くのですから、大変なことなんです。時間がかかる。エネルギーもかかる。疲れ果てる。そういう大変なことをしなさいと、ここで言われているんです。誰の牛か、誰の羊かがわからない場合はもっと大変なんです。

「もしその同族の者が近くの者ではなく、あなたがその人を知らないなら、それを自分の家に連れて来て、同族の者が捜しに来るまであなたのところに置き、それから彼に返しなさい。彼のろばについても同じようにしなければならない。」（22・2〜3）

近くの人の牛や羊でしたら、「これは誰のですか」と見せてまわればわかるだろうと思うんですけど、みんなが「知らないなあ、よそのところのだなあ」と言う場合は自分の家で養わなければならないわけです。水を汲んできてやったり、あるいは草やその他のえさを与えたり。しかも逃げ出す癖があるわけですからもう一度逃げ出さないように、あるいは盗まれたり、熊やライオンといった野獣に襲われないように守ってやらなければならない。自分の家畜だけでも手一杯なのに、よその家畜まで養って守らなければならないというのですから大変な費用とエネルギー、そして心遣いを必要とするわけです。ですから迷っている牛や羊を見た時に、知らないふりをしたいと思うのは当然の誘惑なのです。関わり合ったらろくなことにならない。大変な時間と費用を無駄にすることになる。

当時、自分の羊や牛をなくしてしまう人というのは、なんというか、めちゃめちゃだらしがない、困った人ということになるわけです。牛や羊は食料になるだけではなくて、毛や皮など大切な資源にもなります。特に牛は移動手段にもなるし、荷車を引かせたり、穀物をこなしたり、畑を耕したりする大切な「仕事道具」でもあるわけです。だから家畜を一匹なくすというのは、言ってみれば家財道具や食料の一切合切を積み込んだトラック一台を失くしたようなものです。しかも、その家畜が誰かに怪我をさせたら大変なことになるわけです。あるいは他の人の畑を踏み荒らしたり、穀物を食べてしまったりして損害を与えるかもしれない。だから家畜をなくしちゃう人っていうのは、とてもいい加減で無責任な人だと見なされてもしょうがないわけです。ところが、そういう無責任で他の人に迷惑をかけちゃうような人のために「あなたに落ち度がなくても、知らないふりをしてはならない」と、神さまはそうおっしゃるわけです。その人が自分の無責任さのゆえに困ってしまうことがないように、その家族が飢えることがないように、神さまは「犠牲を払ってでも、その人の落ち度を補いなさい」とおっしゃるわけです。3節には衣《ころも》（外套《がいとう》：新共同訳）の話しが出てきます。

「彼の衣についても同じようにしなければならない。すべてあなたの同族の者がなくした物をあなたが見つけたなら、同じようにしなければならない。見ぬふりをしていることはできない。」（22・3）

先日は小春日和《こはるびより》でしたので、教会に四着ものコートが忘れられていました。私たちなら「まあいいです、他のコートがありますから」ということになるわけですけれども、当時の衣は寝る時の布団代わりでした。ないと夜を越せないという大切なものです。それをなくしちゃうっていうのは、これもまた非常に責任感に欠けるというか、だらしがないわけです。けれども神さまは「そういうだらしがない、責任感の欠ける、ちゃんと自分の面倒を見ることができない人に思いを留め、心にかけ、助けてやりなさい」とおっしゃるわけです。今日の箇所を通して「見ぬふりをしてはならない」とくりかえされています。4節は「見て、見ぬふりをしてはならない」、1節ではたんに「見て、見ぬふりをしてはならない」というのではなくて「見ぬふりをしていてはならない」、つまり見て見ぬふりをし続けていてはならないというのです。3節では「見ぬふりをしていることはできない」という書き方がされています。わずか四節の間に、同じことが言い方を変えて三回くりかえされている。ここに神さまのお心が聴き取れるのではないかと思うのです。「わたしの大切なうっかり者が困っているのを、見て見ぬふりをしないでほしい。知らんぷりしないでいてほしい。彼にあなたの心を留めてほしい。責任を果たせない弱い仲間かもしれないけど、その仲間にわたしのように、わたしに代わって心を注いで欲しい。」そのような神さまの思いが溢れているように思います。

クリスマスに来られた御子イエス・キリストも同じことをおっしゃった。ルカの福音書10章30節以下、「よきサマリア人のたとえ」という有名なお話しです。

「イエスは答えられた。『ある人が、エルサレムからエリコへ下って行ったが、強盗に襲われた。強盗たちはその人の着ている物をはぎ取り、殴りつけ、半殺しにしたまま立ち去った。たまたま祭司が一人、その道を下って来たが、彼を見ると反対側を通り過ぎて行った。同じようにレビ人も、その場所に来て彼を見ると、反対側を通り過ぎて行った。ところが、旅をしていた一人のサマリア人は、その人のところに来ると、見てかわいそうに思った。そして近寄って、傷にオリーブ油とぶどう酒を注いで包帯をし、自分の家畜に乗せて宿屋に連れて行って介抱した。次の日、彼はデナリ二枚を取り出し、宿屋の主人に渡して言った。『介抱してあげてください。もっと費用がかかったら、私が帰りに払います。』この三人の中でだれが、強盗に襲われた人の隣人になったと思いますか。』彼は言った。『その人にあわれみ深い行いをした人です。』するとイエスは言われた。『あなたも行って、同じようにしなさい。』」（ルカ10・30〜37）

人通りの少ない山道で、追いはぎに襲われ半殺しにされたユダヤ人が道端に倒れていた。祭司というのは同じユダヤ人の、言ってみれば牧師のような存在です。レビ人というのは、その手伝いをする人。つまり聖職者たちですけれども、両者共に反対側を通り過ぎていく。まさに見て見ぬふりをしたんです。ところがそこへサマリア人が通りかかる。サマリア人というのはもともとはユダヤ人と同族なのですけれども、その頃は非常に関係が悪い犬猿の仲で、普通ならお互い口もきかないっていうぐらいだった。そういうサマリア人がやってくる。この人はユダヤ人である祭司やレビ人たちとは全然違っていて、強盗に襲われた人を憐れみを持って介抱するのです。手当をして、ロバに乗せ、宿屋に連れて行って「自分は用事で行かなければならないのだけれども、また帰って来るから、その人を泊めて介抱してあげてください。それ以上の費用がかかれば帰ってきた際に、私が払いますから」と言うわけです。そして、イエスさまはこのたとえを話した後で「あなたも見て見ぬふりをしないで、同じようにしなさい」と言うわけです。

神さまを信じる神の民は、仲間にだけ親切にするんじゃないです。サマリア人とユダヤ人は仲間じゃなかった。でも、そういう仲間じゃない人のところへ行って仲間になる。隣人になる。仲間でない人の仲間になる生き方を選ぶ。相手がたとえ仲間でなかったとしても、知らないふりをしない、そういう生き方。それが、私たちに神さまが望んでおられる生き方です。そう聞くと「確かに私たちは助けが必要な人に出会うけど、その全員を助けることなんか到底できない」と思われるかも知れません。また助けたことでいろいろなトラブルを抱え込んだり、予想外の大きな犠牲を払うことになったり、とてもややこしいことに巻き込まれる可能性もあるわけです。でもやっぱり「見て見ぬふりをしてはならない」ということが私たちの生き方を指し示している。

　では私たちはどうすれば、見て見ぬふりをしない生き方ができるのか。キリスト教会はこの「よきサマリア人」をイエスさまご自身のことだとみなして、そのように聞き、また語ってきたんです。私たちは実は強盗に襲われて倒れている人のような存在です。「愛しなさい」と言われても愛することができない。どうしても恐れ、また自分中心に囚われている。でも恐れの中にうずくまり、倒れているような私たちがこの襲われたユダヤ人だとするならば、「よきサマリヤ人」であるイエスさまはどうなさったか。「もっと頑張れ」と言ったか。「立って歩け」と言ったか。そうじゃないんです。私たちを見て見ぬふりをなさらなかった。愛することができない私たちを見て、知らないふりをなさらないで、抱きかかえ、担ぎ上げるようにしてロバに乗せ、運んでくださった。そして養ってくださった。自腹を切って私たちを癒してくださった、私たちの罪を。

　先週一週間も愛なき思いを抱き、愛なき言葉を発し、愛なき業《わざ》を行ってきた私たち一人ひとりだと思います。イエスさまは私たちを見て、知らないふり、見て見ぬふりをなさいませんでした。その罪を憐れみ、その罪を負い、その罪から癒し、赦してくださった。十字架において本当に自腹を切ってくださった。私たちを憐れみ、解き放ってくださった。あなたは

「自分なんて駄目だ、何もできない、勇気もない」とうずくまっている必要はない。希望を持って生きることができる。神さまは私たちがご自身の胸の中で生きることができるようにと癒してくださいました。いつも申し上げる事ですけれども、神さまの胸の中で生きる者は、最終的な責任を神さまがとってくださると知っています。だから、大胆に生きることができる。何かを与える時にも、自分の分がなくなってしまうのではないかと恐れることなく、大胆に愛することができます。

ただ、だからと言ってあまりよく考えることなく与えることによって、相手を駄目にしてしまうということもあります。依存心の強い人を、必要以上に依存させてしまうということもよくあります。蛮勇のようなものを振るって勢いだけで行動し、何か不必要な危険を冒さなくてもよいと思います。何が人々を助けることになるのか、よく考える。そして一人ではなくて他の人々や行政などとも相談し、連携しながら、語り合ったり教え合ったりしながら、相手にとって最も適切な、良い与え方をしてゆく。自分でするべきでないことは、相応しい人に委ねる。そういうことが必要だと思うんです。賢く与えていく必要がある。それは「知らないふりをする」こととは全然違います。助けを必要としている人たちのために祈り、思いを巡らし、その人にとって何が一番よいのだろうかと考えることを止めてはならないと思うのです。
敗戦直後に東大の総長を勤めた南原《なんばら》繁《しげる》（1889 - 1974）という人がおります。内村鑑三の薫陶を受けた無教会派のクリスチャンで、戦前から戦中、日本が超国家主義に傾いていくのに一貫して抵抗し続けました。しかし同時に非常に思慮深い人物でした。当時の東大や京大の教授の中にはあからさまに戦争に反対して追放される人も多かったのですけれども、彼は抵抗しつつも東大に留まり、自分のできることを探し続けるわけです。その中でいつも痛みを覚えていて、学徒出陣の激励会などには出ることができず、やがて他の教授たちと終戦工作を図り、ルートを見つけて昭和天皇に働きかけるも失敗に終わる。しかし、それが終戦の勅語に影響を与えたであろうと言われています。そんな彼のことばにこういうものがあります。

「理想は一人の青年の夢想ではなく、また単なる抽象的観念でもなく、われわれの生活を貫いて、いかなる日常の行動にも必ず現実の力となって働くものである。」
（立花隆編『南原繁の言葉　8月15日・憲法・学問の自由』東京大学出版会、２００７年）

理想が現実の力となって働く。これがどういう思いで語られたのかいろいろ想像するのですが、恐らく彼の中では「キリスト」が主語だったんじゃないかと思うのです。「キリストは夢想ではなく、単なる抽象的観念でもない。キリストこそわれわれの生活を貫いて、いかなる私たちの日常の行動の中でも必ず現実の力となって働くお方である」と言いたかったのではないでしょうか。私たちには手に負えないような状況の中でも、家族や地域、友人や知り合いの問題の中でも、どんな困難な状況の中であっても、キリストが私たちを助けてくださる。愛することを助けてくださる。キリストが私たちに仲間と、知恵と、力とを与えてくださいます。それぞれが置かれた場所で、世界の破れを繕う者としてくださいます。「どうせ私はこのことには及ばない、このことには手が出せない」と希望をなくしてはなりません。キリストが現実の力として働いてくださいます。

大きなことではないと思うんです。たとえば、電車の中で席を譲るというようなこともまた、「見ないふりをしてはならない」という神さまの語りかけに応えることだと思います。そういうふうに申し上げると「いやいや、私は譲られる方です」という人がおられるかもしれません。でも譲られた時に「余計なことをするな」と怒ることもできますし、「ありがとう」と応じて、勇気を出して声をかけてくれた人を励ますこともできるのです。電車の中で席を譲ることから始まって、そういうことが世界の平和にまでつながっている。

現実に働くキリストの力を、私たちはさらに知りたいと思います。「南原繁は立派な人だった」と言って済ませてはならないと思います。彼がそのように生きることができたのはキリストがいたから。キリストがそうさせた。同じキリストは私たちの内にもおられて、共に生きていてくださっています。「あなたも行って同じようにしなさい。」そうおっしゃるイエスさまは、それにお従いする力を私たちに与えてくださっています。そして日々、ますます、そのような力を増し加えてくださっています。

短くひと言祈ります。

恵み深い天の父なる神さま。「あなたも行って同じようにしなさい。わたしが共に行くから、互いに愛し合いなさい。そして、互いに隣人となりなさい。助け合い、助け、また助けられ、このキリストのいのち、そして愛をこの世界に溢れ出させなさい」と、この朝も私たちを励ましてくださり、ありがとうございます。この一週間もご自身がともなってくださり、私たちをよき業に遣わしてください。

イエスさまのお名前によってお祈りいたします。アーメン。

神さまの宝もの

聖書　申命記26章1～19節

1あなたの神、主が相続地としてあなたに与えようと
しておられる地に入って行き、それを占領し、そこに
住むようになったときは、2あなたの神、主が与えよ
うとしておられる地から収穫する、大地のすべての実
りの初物の一部を取って、かごに入れ、あなたの神、主
が御名を住まわせるために選ばれる場所へ行かなけれ
ばならない。3そして、そのとき任務についている祭司のもとに行って、「今日、あなたの
神、主に報告いたします。私は主が私たちに与えると父祖たちに誓われた地に入りました」
と言いなさい。4祭司があなたの手からそのかごを受け取り、あなたの神、主の祭壇の前

に置いたら、[5]あなたは、あなたの神、主の前で次のように告白しなさい。「私の父はさす
らいのアラム人でしたが、わずかな人数を連れてエジプトに下り、そこに寄留しました。し
かしそこで、強くて数の多い、大いなる国民になりました。[6]しかし、エジプト人は私た
ちを虐待し、苦しめ、私たちに激しい労働を課しました。[7]私たちが私たちの父祖の神、主
に叫ぶと、主は私たちの声を聞き、私たちの苦しみと労苦と虐げられている有様をご覧に
なりました。[8]そこで、主は力強い御手と伸ばされた御腕によって、恐ろしい力と、しる
しと不思議をもって私たちをエジプトから導き出し、[9]この場所に導き入れ、乳と蜜の流
れる地、この地を私たちに与えてくださいました。[10]今ここに私は、主よ、あなたが私に
与えてくださった大地の実りの初物を持って参りました。」あなたは、あなたの神、主の前
にそれを供え、あなたの神、主の前で礼拝しなければならない。[11]あなたの神、主があな
たとあなたの家に与えられたすべての恵みを、あなたはレビ人および、あなたがたのうち
の寄留者とともに喜びなさい。

[12]第三年、十分の一の年にあなたの収穫の十分の一をすべて納め終え、これをレビ人、寄
留者、孤児、やもめに与えて、彼らがあなたの町囲みの中で食べて満ち足りたとき、[13]あ
なたは、あなたの神、主の前で言いなさい。「あなたが私に下された命令のとおり、私は聖

なるささげ物すべてを家から取り分け、それをレビ人、寄留者、孤児、やもめに与えまし
た。私はあなたの命令を一つも破らず、またそれらを忘れませんでした。[14]その一部でも、
喪中に食べたり、また汚れているときに取り分けたりしませんでした。また、その一部で
も死者に供えたこともありません。私は、私の神、**主**の御声に聞き従い、すべてあなたが
私に命じられたとおりにいたしました。[15]あなたの聖なる住まいの天から見下ろして、御
民イスラエルと、あなたが私たちの父祖たちに誓われたとおり私たちに下さった土地、乳
と蜜の流れる地とを祝福してください。」
[16]今日、あなたの神、**主**は、これらの掟と定めを行うように、あなたに命じておられる。
あなたは心を尽くし、いのちを尽くして、それを守り行いなさい。[17]あなたは今日、この
主をあなたの神とし、主の道に歩み、主の掟と命令と定めを守り、御声に聞き従うと誓約
した。[18]今日、**主**は、あなたに約束したとおり、あなたが主のすべての命令を守り主の宝
の民となること、[19]あなたを、主が造られたすべての国々の上に高く上げて栄誉と名声と
栄えとし、約束のとおり、あなたが、あなたの神、**主**の聖なる民となることを誓約された
のである

今年最後の礼拝にようこそいらっしゃいました。『申命記』っていうのは「二回目に語られたことば」っていう意味です。イスラエルをエジプトから導き出した指導者モーセが亡くなる直前に、まるで遺言のように記した神さまのことば。モーセの遺言じゃない、神さまのことばなんです。でもモーセがまるで遺言であるかのように、覚悟をもって語ったことば、それが申命記です。特に12章から26章は申命記の中心部と言われていて、申命記律法とも呼ばれます。今日お開きしている26章は三つの部分から出来ています。1節から10節までは礼拝について、つまり最初に私たちと神さまとの関係について書いてあります。11節から15節までは貧しい者、弱い者への愛について、つまり人との関係について記されているわけです。そして16節以降がまとめです。申命記の中心部である12章から26章、その締めくくりの部分である26章は申命記の中心の中の中心、申命記の心臓だと言ってもいいと思います。その核心部分が18節。

「きょう、主は、こう明言された。あなたに約束したとおり、あなたは主の宝の民であり……」（26・18）

「宝の民」。私たちは神さまの宝ものなんです。いつも申し上げることですけれども、今年最後にもう一回言わせていただきたい。もちろん来年になったらまたすぐ言うと思いますけれども、それは「私たちは神さまの胸の中に抱かれている、神さまの胸の中で生きるんだ」ということ。しかも神さまは私たちを無造作に抱いておられるんじゃない。そうじゃなくって「宝もの」を愛おしむように、私たちは神さまの胸に抱かれている。小さな子どもたちがお母さんに抱かれるように「かけがえのない、一番大切な、これ以上ない大切なわたしの宝もの」だと、そのように私たちは神さまの胸に抱かれているということ。これが、この申命記の心臓から知るべき第一のことです。

エジプトで奴隷になっていたイスラエルを、あの指導者モーセが海を分けて連れ出した。これが出エジプトですよね。その後、シナイ山という山まで旅をして、そこで神の民の生き方を教えられた。「神さまに愛されている者はこのように生きなさい」って律法が与えられた。「出エジプト」の後に「シナイ山」がある。この順番が大変重要なんです。イスラエルは決まりを守ったから助け出されたんじゃない。わけがわかんないのにただただ助け出されて、それから「あなたたちは今後はこのように生きなさい」って教えられたわけです。私たちも同じですよね。「いい人」だから救われてクリスチャンになったんじゃない。違うんですよ。わけもわからない、ぐじゃぐじゃの私たちを、ただただ神さまが宝ものとしてまず胸に抱き締めてくださって、その後で「これからは今までのような生き方じゃなくって、神を愛し人を愛して生きなさい」と教えてくださった。「私はよい行いをしていないから、かつてあんなことをしたから、今もこういうことをしているから、お祈りが足りないから、聖書を読まないから、礼拝に出ないからダメなんだ」と思わないでください。そのような思いを抱くあなたを神さまが、「宝もの」のようにまず抱きしめてくださった。そこからあなたの新しい生活が始まっていくんです。まず一方的に神さまに抱かれた。

教会でよく「信じる者はみな救われる」って賛美歌を歌いますけど、「信じたら救われるってことは、信じなかったら救われないんじゃないですか」って思う方がいるかもしれない。まあ、それはその通りなんですけど、「信じろ」って言われたからって信じられますか。「神さまを信じなさい、イエス・キリストの十字架を信じなさい」って言われたから信じるなんてそんなものではないですよね。ちょっと一箇所聖書を開きましょうか。マルコ福音書9章ですが、かいつまんで申しますと、イエスさまが子どもを連れた父親に会う。その子は悪霊に取り憑かれていて、急に引きつけを起こしたり倒れたりして、死にそうになるってことをずっと繰り返してきた。それを助けてもらいたいと思って、父親が子どもを連れてイエスさまのところにやって来てお願いするわけです。

『……しかし、おできになるなら、私たちをあわれんでお助けください。』イエスは言われた。『できるなら、と言うのですか。信じる者には、どんなことでもできるのです。』するとその子の父親は叫んで言った。『信じます。不信仰な私をお助けください。』」（マルコ9・22〜23）

不思議な言葉ですよね。「自分は不信仰だ、信仰がない、でも信じます」って叫んでいるんです。自分の子どもが幼いころから引きつけを起こして、火の中であろうがどこかへ倒れていく。自分はこれをもうどうにもできない。どうにもできないんだけれども「どんなことでもできるんだ」と言われて「信じる！」と叫んだわけです。不信仰な人が信仰を持っている。なんでこういう不思議なことが起こるのか。信じられないこの人に「信じる」という思いが湧いてくる。その信仰はどこから来たのか。この人の中から来たんじゃない、イエス・キリストが与えたんです。これ以上の説明はちょっとできない。それはこの人の中で起こった出来事なので「こんなことをしたら起こります」とか「あんな条件が整ったら起こります」とか、そうやって語ることはできないんです。ただはっきりしていることは、イエス・キリストが私たちに出会い、私たちに語られるとき、そこに出来事が起こる。信仰という出来事が起こるんです。何でもできるんです、イエス・キリストは。

私たちクリスチャンがみんな「自分はすごい信仰者だ」と思っているなんて大間違いです。そうじゃない。「私の信仰はそんな立派な、誇るようなものではない」って、みんなそう思っている。自分でも不信仰だと思っている。にもかかわらず、そこに信仰があるのはなぜか。キリストが信仰を造り出してくださるからです。キリストが信仰を与えてくださるんです。

水曜日10時15分から『聖書の学びと祈り会』をやっています。どなたでもご参加になれますが、最近は『それぞれの最終楽章』っていう朝日新聞に連載された記事と、それに関係する聖書箇所も一緒に読んでいます。著者は藤井理恵という牧師で、この教会にもお招きしたことがあります。淀川キリスト教病院ホスピスのチャプレンですが、ホスピスというのは死を待つ人々が最期の日々を過ごすところです。藤井先生がそこで出会った人々や出来事、また語られた聖書のことばなどを八回にわたって書かれました。死について、しかしまた死を超えるいのちについて書かれているんですが、先週読んだところにちょっとびっくりするようなことが書いてありました。藤井先生がある方に「お祈りしたらいかがですか」って促したんですが、その方は「神さまに祈るなんて恥ずかしくてできません」って言う。ミッションスクールを出てる方なんだけれども「神さまに祈るなんてまるで人前で排泄するみたいでとてもじゃないけどできない」と言われる。藤井先生もこの「排泄」という言葉にはびっくりされた。

けれども、そこにはある種の真実がありますよね。神さまに祈るということは、都合のいいことだけ言って終わりにするわけにはいかない。排泄どころじゃない、私たちの腹の中にある黒いものまで、神さまは全部ご存知ですから。もちろん祈っても祈らなくても全部ご存知なんだけれども、その神さまに真正面から向き合うなんてとてもできない。この人だけじゃない、私たちも自分の本当の姿を知ったなら、それを軽々しく人前にさらして「私はこんな人間です」なんて言うことはできないと思うんです。

私たちには「心の一角」があります。親にも、兄弟にも、誰にも言うことができない心の一角。教会では証しといって自分の信仰の体験談をお話しするという機会があります。その中で自分の過去、あるいは自分の罪についてお話しすることもある。でも本当の暗闇の部分は、決して語れないだろうなと思います。そもそも語る必要がないかもしれませんけど、語ることなどできないだろうと思うんです。耐えられない。語る方だけじゃない、聞いてる方も耐えられないと思います。「私は以前はあのような人間でしたが、今はこのように神さまを信じています、喜んでいます」と証しをしながらも、その奥底に何とも言えない、たぶん言葉にすることもできないような、いや、言葉にしたら耐えられないようなものがある。私たちは罪人ですね、本当に。よいことをしてる時でさえ、自分の中に心を掻きむしりたくなるような、「こんな思いが私の中にあるなんて……」っていうような思いが湧いてきたりする。それをすべてご存知の神さまに祈るって、「排泄」と言っても大袈裟ではないなって思うんです。

だからこの人は祈ることができなかった。でも、結局祈るんです。なんで祈ることができたか。それは、何度も排泄って言って申し訳ないけれども、排泄物まみれの自分を神さまが「宝もの」のように大切に抱いてくださるってことがわかったらだと思うんです。神さまはそんな汚れた私たちを抱いてくださり、洗ってくださる。洗ってから抱きしめるんじゃない、抱きしめてから洗うんです。神さまというのはそういう方なんです。「私たちが宝もの」っていうのは、私たちが素晴らしいからじゃない。神さまがそう思ってくださるから「宝もの」なんです。私たちはそのようにして神さまに抱かれている。抱かれているうちに神さまを慕い、神さまを愛する思いが生まれてくる。水曜日に参加者のみんなと、このことを話し合っていたんですが、私が「今日は福音を語ったような気がする」と申しましたら、ある方が「福音を聞いたような気がする」っておっしゃった。他の方が「福音がわかったような気がする」とおっしゃると、もう一人の方が「『気がする』だけじゃなくて本当にわかった」っておっしゃった。とてもなんかおかしかったですけれどうれしかったのです。

私たちは神さまの宝もの。でも私たちの周りの人々も神さまの宝ものなんです。

「第三年、十分の一の年にあなたの収穫の十分の一をすべて納め終え、これをレビ人、寄留者、孤児、やもめに与えて、彼らがあなたの町囲みの中で食べて満ち足りたとき、」(26・12)

三年ごとに特別な年が訪れます。その年には全イスラエルがすべての収穫物の十分の一を納め、分配する。つまりイスラエルのGNP(国民総生産)の十分の一が貧しい者たちに分け与えられるんです。そして「彼らが……食べて満ち足りたとき」とある。満ち足りるまで食べるんです。「貧しい人はもともと貧しいんだから、少し助けてあげて、なんとか食べられればいいですね、最低限の社会保障をしてあげればいいですね」と私たちは考えやすい。

まあそこには「あまり甘やかしたら働かなくなるんちゃうか」とか、そういういろんな配慮もあるわけです。もちろん、賢いやり方をしなければいけないとは思うんです。自分で働いて得たもので満ち足りるまで食べることができたら、もちろん幸いなことだと思う。だけど神さまだけに頼って生きているレビ人、孤児、やもめ、弱い者、在留異国人、貧しい者にこそ満ち足りるまで食べさせたい、それが神さまの思いなんです。日本にも今、在留異国人、外国の方がたくさんいると思います。一人で暮らさざるを得ない高齢者や一人親家庭の親子、心身の病気を抱えている人もいるでしょう。そういう人たちが「もう食べられない」というう、そこまで食べさせてあげなさいと、神さまは願っておられる。

16節以降は申命記26章の締めくくりです。

「今日、あなたの神、主は、これらの掟と定めを行うように、あなたに命じておられる。あなたは心を尽くし、いのちを尽くして、それを守り行いなさい。」（26・16）

今まで使っていた新改訳第三版ですと、

「あなたの神、主は、きょう、これらのおきてと定めとを行うように、あなたに命じておられる。あなたは心を尽くし、精神を尽くして、それを守り行おうとしている。」

「心を尽くし、精神を尽くし」とか「力を尽くし」とか、もう私たちには聞き慣れてることばだと思うんです。でもここ、ちょっと違うと思いませんか。いつもだったら「心を尽くし……愛しなさい」と書いてある。だけどここは「心を尽くし、精神を尽くして、それを守り行おうとしている」。もう命令する必要はない。あなたがたの心はわたしの心と一つになっている。あなたがたはもうわたしの心を持っている。心を尽くし、精神を尽くして、神を愛し、人を愛し、周りの貧しい者を愛し、彼らが心から満ち足りるまで満たしたいと、もう思っている。心を尽くして、精神を尽くして、力の限りそのように生きたいと、あなたがたはもう思っている。

神さまの胸の中に抱かれているうちに、最初は排泄物だらけで宝ものらしくなかった私たちが、神さまの体温で温められ、まるで卵が孵化するように、本当に神さまの宝もののようになっていく。もうなっている。ここにいる私たちは、神さまの「宝もの」にされている。そうしてくださったのはキリストなんです。キリストが私たちを癒してくださった。自分の面倒を見るので精一杯で、神さまを愛したり、周りの人を愛したり、そんなことはとてもできなかった私たち。「心を尽くして、精神を尽くして」なんて言われても、自分以外のことをそんな一生懸命かまってられなかった私たち。あるいは人を愛そうと思っても、以前に傷つけられたことが思い出されて愛することができない。そんな私たちの傷をイエス・キリストが、ご自分から十字架の上で負ってくださって、癒してくださる。癒し続けてくださる。だから私たちは神さまの思いと、自らの思いを一つに重ねる者とされている。

「キリストは自ら十字架の上で、
私たちの罪をその身に負われた。
それは、私たちが罪を離れ、
義のために生きるため。
その打ち傷のゆえに、あなたがたは癒やされた。」（第一ペテロ２・24）

キリストが打たれた。身体を打たれただけじゃない。心もたましいも打たれて、父なる神と引き離されて真っ二つに裂かれるように、傷を負ってくださった。それは何のためか。私たちが癒されるためです。ご自分のことはどうでもよかった。「お前なんか神じゃない」と言われて、父なる神との関係が裂かれて、十字架の上で事切れて陰府《よみ》に降ることになったけれども、それでも構わなかった。そんなこと、どうでもよかった。私たちが神さまの胸の中で、「宝もの」として生きることができるのであれば、キリストにとってそんなことはどうでもよかった。

私たちに与えられたこの癒しを小さく限ってしまってはならないと思います。キリストが与えてくださるのは、死んだら天国に行くっていうことだけだと思わないでください。それは確かにそうなんだけど、ごく小さな一部分にすぎない。神さまはそれだけでは満足なさらないんです。神さまは私たちにそれ以上の、はるかに大きなものを与えたい。それは私たちが本当に癒されて、神さまとの愛の関係において、他の人との愛の関係において、心の底まで満ち足りること。それを神さまは願っておられる。望んでおられる。神さまは私たちを抱きしめ、癒やし、造り変え、この世界でご自身の御名が崇められるための通路となしてくださる。それは神さまにとって私たちが「宝もの」だから。

神さまの「宝もの」としてこの年をご一緒に終えることができることを感謝します。そして来年も、またご一緒に神さまの「宝もの」として生きていきます。みなさんに祝福が豊かにありますように。

短く一言祈ります。

恵み深い天の父なる神さま。本当に不思議としか言いようがない、あなたの型破りなご愛のゆえに、あなたの「宝もの」として、今、あなたの胸の中で生きていることの不思議をありがとうございます。そのために支払われた、流された十字架の血潮のゆえにひざまずきます。イエスさま、どうか私たちをますますあなたのものとしてください。あなたの胸の中で私たちを癒し、育て、あなたと本当にひとつ心に生きる者となさしめたまわんことを、尊いイエス・キリストのお名前によってお祈りいたします。アーメン。

いのちを選びなさい

聖書　申命記30章1～20節

1 私があなたの前に置いた祝福とのろい、これらすべ
てのことがあなたに臨み、あなたの神、主があなたをそ
こへ追い散らしたすべての国々の中で、あなたが我に返
り、2 あなたの神、主に立ち返り、私が今日あなたに命
じるとおりに、あなたも、あなたの子どもたちも、心を
尽くし、いのちを尽くし、御声に聞き従うなら、3 あなたの神、主はあなたを元どおりに
し、あなたをあわれみ、あなたの神、主があなたを散らした先の、あらゆる民の中から、再
びあなたを集められる。4 たとえ、あなたが天の果てに追いやられていても、あなたの神、
主はそこからあなたを集め、そこからあなたを連れ戻される。5 あなたの神、主はあなた

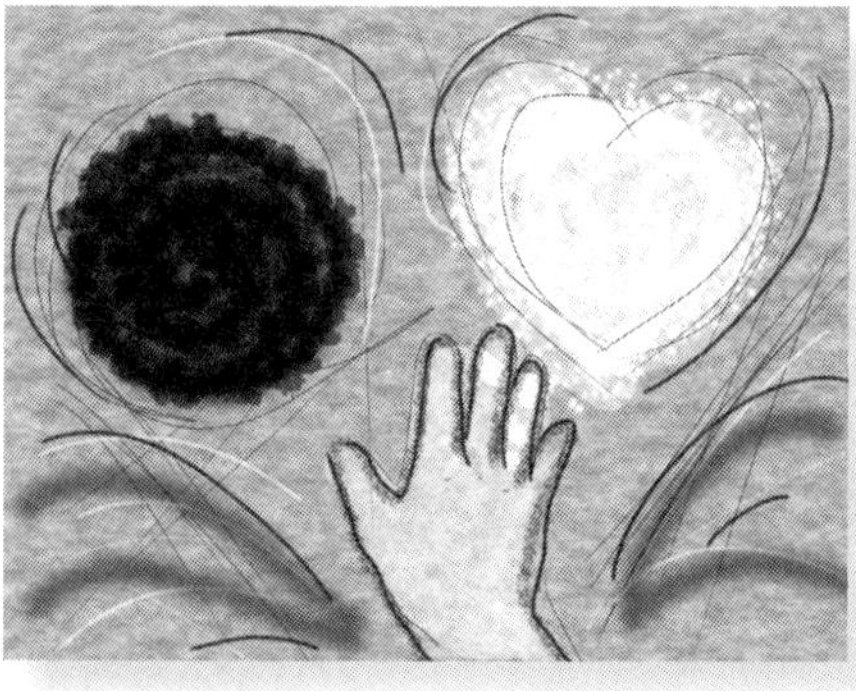

の先祖が所有していた地にあなたを導き入れ、あなたはそれを所有する。主はあなたを幸
せにし、先祖たちよりもその数を増やされる。6 あなたの神、**主**は、あなたの心と、あな
たの子孫の心に割礼を施し、あなたが心を尽くし、いのちを尽くして、あなたの神、**主**を
愛し、そうしてあなたが生きるようにされる。7 あなたの神、**主**はあなたの敵に、あなた
を迫害した、あなたを憎む者たちに、これらすべてののろいを下される。8 あなたは再び
主の御声に聞き従い、私が今日あなたに命じる主のすべての命令を行うようになる。9 あ
なたの神、**主**はあなたのすべての手のわざ、あなたの胎の実、家畜が産むもの、大地の実
りを豊かに与えて、あなたを栄えさせてくださる。まことに**主**は、あなたの父祖たちを喜
ばれたように、再び、あなたを栄えさせて喜ばれる。10 これは、あなたが、あなたの神、**主**
の御声に聞き従い、このみおしえの書に記されている主の命令と掟を守り、心のすべて、た
ましいのすべてをもって、あなたの神、**主**に立ち返るからである。
11 まことに、私が今日あなたに命じるこの命令は、あなたにとって難しすぎるものではな
く、遠くかけ離れたものでもない。12 これは天にあるわけではないので、「だれが私たちの
ために天に上り、それを取って来て、私たちが行えるように聞かせてくれるのか」と言わ
なくてよい。13 また、これは海のかなたにあるわけではないので、「だれが私たちのために

海のかなたに渡り、それを取って来て、私たちが行えるように聞かせてくれるのか」と言
わなくてよい。[14]まことに、みことばは、あなたのすぐ近くにあり、あなたの口にあり、あ
なたの心にあって、あなたはこれを行うことができる。
[15]見よ、私は確かに今日あなたの前に、いのちと幸い、死とわざわいを置く。[16]もしあな
たが、私が今日あなたに命じる命令に聞き、あなたの神、**主**を愛し、主の道に歩み、主の
命令と掟と定めを守るなら、あなたは生きて数を増やし、あなたの神、**主**は、あなたが入っ
て行って所有しようとしている地で、あなたを祝福される。[17]しかし、もしあなたが心を
背け、聞き従わず、誘惑されてほかの神々を拝み、これに仕えるなら、[18]今日、私はあな
たがたに宣言する。あなたがたは必ず滅び失せる。あなたがヨルダン川を渡り、入って行っ
て所有しようとしているその土地で、あなたの日々が長く続くことはない。[19]私は今日、あ
なたがたに対して天と地を証人に立てる。私は、いのちと死、祝福とのろいをあなたの前
に置く。あなたはいのちを選びなさい。あなたもあなたの子孫も生き、[20]あなたの神、**主**
を愛し、御声に聞き従い、主にすがるためである。まことにこの方こそあなたのいのちで
あり、あなたの日々は長く続く。あなたは、**主**があなたの父祖、アブラハム、イサク、ヤ
コブに与えると誓われたその土地の上に住むことになる

あけましておめでとうございます。新年の聖餐礼拝にようこそいらっしゃいました。元旦の礼拝でも申し上げましたが、申命記がいよいよ2月で終わります。その後はマルコの福音書を読んでいくことにいたしますが、もうしばらくの間、申命記にお付き合い願いたいと思います。申命記の「申」という字には「重ねる・繰り返す」といった意味があります。

「これらは、モアブの地で、主がモーセに命じて、イスラエルの子らと結ばせた契約のことばである。ホレブで彼らと結ばれた契約とは別である。」（29・1）

ホレブで結ばれた契約というのはシナイ山で与えられた十誡のことですね。それとは別の、第二の契約だ、命令だということで「申命記」というタイトルなんですが、ただ別といっても内容が違うわけじゃなくて再確認なんです。いつも申し上げることですけれども、出エジプトがあって、次にシナイ山がある。つまりイスラエルはまず訳もわからず救い出された、ただエジプトでの奴隷状態からモーセが二つに分けた海を通って救い出された。その後で「あなたたちはこれからこのように生きていきなさい」と十誡を与えられました。十誡を守ったから救われたんじゃなく、まず神さまに救われた。まず神さまが出会ってくださった。それから、その後の新しい生き方が教えられた。

クリスチャンも同じことなんです。よい人だから救われたんじゃない。お祈りを一生懸命したから、聖書を一生懸命読んだから、毎週礼拝に欠かさず来たから救われるんじゃない。神さまが本当にあわれに思って、どうしても救いたいと思って、値しないものを救ってくださった。何も知らない者に「とにかく来なさい、とにかくわたしのものになりなさい」と言って救ってくださったのです。まず出エジプト、そしてシナイ山。逆じゃないんです。何かをしたら救われるんじゃない。修行したら救われるんじゃない、悟りをひらいたら救われるんでもない。まず神さまが抱き上げてくださったんです。それから、お母さんが胸の中で子どもを育てるように「こういう風にするんだよ、こういう風に語るんだよ、こういう風に愛するんだよ」と教えてくださった。この第二の契約である申命記も「あなたがたは神の民なんだ、わたしの子なんだ、だからこのように歩きなさい」ということを語っております。神さまと共に歩く歩き方を再確認しているんです。

27章から30章の内容をざっくりと言えば「あなたの前には祝福とのろい、二つの道がある、あなたはどちらかを選ばなければならない」ということです。アダムとエバの選択はまさにそうですよね。アダムとエバの前には二つの木の実があった。片方は善悪の知識の木の実、もう一つはいのちの木の実。いのちの木の実を選ぶというのは「私たちは神さまのようにならなくてもいいから、神さまとともに、神さまの胸の中で生きる」ということ。善悪の知識の木の実を食べるということは「神さまのようになる」という誘惑に負けることです。神さまのようになったら、もう神さまはいらないんです。神さまの言うことを聞かなくていい。神さまを愛するなんてめんどくさいことしなくていいんです。

この二つの選択はいつも私たちの前にあります。アダムという名前は、もともと「人間」を意味する一般名詞です。つまりこれはアダムというひとりの人にだけかかわることじゃなくて、すべての人にかかわることです。私たちの前にはいつもいのちの木の実と、神さまを押しのけて神になろうとする善悪の知識の木の実、この二つの選択肢があります。申命記でも同じように祝福の道とのろいの道、この二つの選択肢があるんです。神さまの胸の中で生きるか、それとも本当はそんなことできないのに神さまに関係なく自分の力でやりくりして、自分と周りの人々を痛めつけながら生きるのかという選択です。

「私は今日、あなたがたに対して天と地を証人に立てる。私は、いのちと死、祝福との

ろいをあなたの前に置く。あなたはいのちを選びなさい。」（30・19）

神さまはいつも「わたしの胸の中で生きることを選び続けろ」と招いておられます。強制しているのではありません。お招きなので断ることは可能です。「嫌だ、神さまの胸の中でなんか生きたくない、私は私の思う通り誰にも指図されずに生きていく」と言うことは可能なんです。けれども神さまは招いておられる。「あなたはいのちを選びなさい、わたしと一緒に、わたしの胸の中で、あなたの喜びであるわたし、わたしの喜びであるあなた、互いの名を呼び交わしながら一緒に生きていこう」と招いておられます。

「祝福の道」と申し上げましたが祝福とは何でしょうか。27章から30章にいろいろな祝福が記されています。長生きすること、子孫が増すこと、豊かな収穫があること、領地が拡大していくこと、様々な祝福が書いてある。しかし最大の祝福は神さまがともにいてくださることです。それは軍隊の行進のように隣を神さまが歩いているということじゃなくて、神さまの胸の中で生きることができるものとされているということです。

毎年、年の瀬に喪中はがきというものを必ず何枚か受け取ります。「身内に不幸があったので喜びの新年を迎えることができません」ということを相手にお断りしているんですね。

「そういう悲しみのある所に年神様をお迎えするわけにいかないので、我が家の新年の喜びは喪が明けてからしか来ません、だからお祝いのはがきなんかよこさないでね」ということですよね。だけどおかしいと思いませんか。年神様という神はいないけど、もしいたとしても、もっとも辛く悲しい時に神なしに過ごさなければならないというのはまったくおかしい。

私たちの神さまはどういうお方でしょうか。もっとも辛く悲しい時に、もっともそばにいてくださる神さま。それどころか、もっとも辛く悲しい十字架に自ら選んでかかってくださった神さまですよね。悲しいということ、そして辛いということがどういうことであるのかを私たちの神さま以上に知る者はいない。先ほどの交読文に「その打ち傷のゆえに、わたしたちは癒やされた」（イザヤ書53・5）とありましたけれど、神が私たちのために打たれ、傷ついて血を流し、いのちを与えた。罪と弱さのために歩けなくなっている私たちを癒して、抱え上げ、「一緒に歩こう」と言ってくださる。私たちが歩けなかったらご自身の胸に抱きかかえて歩いてくださる、そういう神が私たちの神さまであり、その神さまが「いのちを選べ、わたしを選べ」と招いてくださっています。

もう一つの道は「のろいの道」です。のろいというのは本当に嫌な言葉ですよね。聖書に出てくるたびにぞっとします。こののろいの道に何が待っているかと言えば、干ばつによる飢饉、疫病、他国からの侵略、死、暴虐、そういったものが満ちている。しかし最大ののろいは28章64節ではないかと思います。

「主は地の果てから地の果てまでのあらゆる民の間にあなたを散らす。あなたはそこで、あなたも、あなたの先祖たちも知らなかった、木や石で造られたほかの神々に仕える。」（28・64）

神さまのあたたかい胸に抱かれていたはずのイスラエルなのに、その胸のあたたかさがわからなくなって、木や石でできた冷たい神々を神だと思うようになってしまう。これが最大ののろいであり、最大の災い、最大の悲しみではないかと思います。フランス人でユダヤ教徒の哲学者エマニュエル・レヴィナスは「神さまを矮小化してはならない」と書いています。矮小化とは小さくすることです。目に見える神、木や石で作った神、どこかの神社の社殿におさまるような神さまは矮小化された神さまです。本当の神さまは天地の創造主、すべてを造られた方で、どんな神殿もその中に神さまを入れることができない。大きすぎて目に見えないんです。目に見える神というのは、ちっちゃくされているから見えるわけですよね。神を小さくするものは小さな人生を生きることになる。小さな愛を生きることになる。神を矮小化するものは矮小化された人生を生きることになります。

「あなたは朝には『ああ夕方であればよいのに』と言い、夕方には『ああ朝であればよいのに』と言う。あなたの心に抱くおののきと、あなたの目に見る光景のゆえである。」（28・67）

夕方には心が安らがずに「早く朝が来ないかな」と思い、朝になるとやっぱり心が落ち着かず「早く一日が過ぎて夜にならないかな」と思う。今を楽しむことができない、喜んで安らぐことができないのです。「あなたはそんなのろいの道を決して選んではならない。」神さまはそう招いておられます。

「その日モーセは民に命じた。あなたがたがヨルダン川を渡ったとき、次の者たちは、民を祝福するためにゲリジム山に立たなければならない。シメオン、レビ、ユダ、イッサカル、ヨセフ、ベニヤミン。また次の者たちは、のろいのためにエバル山に立たなければ

ささくら修道会ホームページ
http://manga.world.coocan.jp/elico-ebal-yosyua-2.html

ばならない。ルベン、ガド、アシェル、ゼブルン、ダン、ナフタリ。」（27・11～13）

これはものすごくわかりやすい話で、イスラエルの民がヨルダン川を渡っていくと二つの山が右と左に見えるんです。それがエバル山とゲリジム山。この二つの山は手前から見ると写真のように（ささくら修道会ホームページより）見えるわけです。祝福の山とのろいの山、いのちの山と死の山、どちらかしか選べない。間はない。どちらの山に登るのかあなたが選べと、目に見える形で神さまが迫ってくださっています。祝福とのろいの分かれ目はどこにあるのでしょうか。

「もし、あなたが、あなたの神、**主**の御声に確かに聞き従い、私が今日あなたに命じる主のすべての命令を守り行うなら、あなたの神、**主**は、

地のすべての国々の上にあなたを高く上げられる。」（28・1）

「すべての命令を守り行うなら」と言われて「私は少なくとも一つは踏み外してるからダメだ」とは思わないでください。み声を聞くというのは、箇条書きの規則をわけもわからずに守るということではないんです。学生が校則を嫌々守るのとは全然違います。そもそもこれらの命令を一つ残らず守るというのは不可能です。そういうことを言っているのではありません。「み声によく聞き従う」というのは神さまのお心、つまり神さまが何を思っておられ、何を感じておられるのか、何を望んでおられるのかを聞き取り、そのみ思いを喜んで生きることです。言ってみれば、神さまの胸の中で、神さまの心臓の近くでその鼓動を聞き取ることです、神さまに心臓があるのかどうかわかりませんが。要するにただ書いてあることにではなく、神さまの思いに近づけということです。「これしちゃいかん、あれしちゃいかん」というところに目を奪われるのではなく、なんで神さまはそれをしちゃいけないとおっしゃるのか、神さまが愛しなさいと言われるのはどうしてか、その根本にあるご人格というか、ご性質というか、そういうものに近づけということなんです。聖書にある命令のことばを超えたところに、さらに深いものがある。いろいろな命令の源になっている神さまの思いに、中心に、心臓に、近づいてかすかに聞こえるその鼓動に耳をすまます。神さまの胸に耳をくっつけるようにして「神さまあなたはどのようなお方ですか、どんなことを願っておられるのですか、それはどうしてでしょうか」と、一見厳しく思えるようなことばの奥にあるみ思いに耳をそばだてることが、よく聞くということです。

日曜日と月曜日以外の朝、ご希望の方に「今朝の黙想」というメールを配信しています。聖書の一節に私のコメントをつけて毎朝7時30分にお送りしているんですが、先日かなり難解なところがあたったんです。

「また、私たちの主の忍耐は救いであると考えなさい。愛する、私たちの兄弟パウロも、自分に与えられた知恵にしたがって、あなたがたに書き送ったとおりです。その手紙でパウロは、ほかのすべての手紙でもしているように、このことについて語っています。その中には理解しにくいところがあります。無知な、心の定まらない人たちは、聖書の他の箇所と同様、それらを曲解して、自分自身に滅びを招きます。」

（第二ペテロ3・15〜16）

聖書に対して批判的な人が大喜びするところです。「ペテロでさえ、パウロの手紙はわかりにくいと書いているじゃないか、そんなの普通の人間に分かるわけがないだろう、もう聖書なんか読むのやめよう」と言われるかもしれない。でもこの箇所はそういうことを言っているのではないんです。読み方の問題なんです。難しく思える、不思議なように思える聖書の言葉によく聞くならば、神さまの愛のことばが聞こえるんです。2000年ほど前の書き物ですから、今のわたしたちにはわかりにくい所もあるでしょう。だけどそこを超えて神さまがご自分の愛を語っておられる。神さまがどれほど私たちを愛して、どのように私たちに関わってこられたのか。はじめがあって、ゴールがある、その途中で神さまの愛を邪魔するものが出てくるんだけれども、それを超えて愛し続けてこられた神さまの愛の物語がそこには聞こえます。

16節に「無知な、心の定まらない人たちは、聖書の他の箇所と同様、それらを曲解して、自分自身に滅びを招きます。」とあります。曲解というのは「聖書の書かれた内容をねじ曲げて、ここがおかしい、あそこが矛盾している、訳が分からない、こんな神さまなんか嫌だ」とか、そういうことです。確かにある部分はわからないかもしれない。でもずっと神さまの愛の物語を読み続けたら、耳を傾け続けたら、私たちは神さまの心臓がどういうふうに鼓動を打っているのかが分かる。「こんなひどいこと書いてある」と感じても、本当はそうなんじゃないということが分かる。神さまの胸の中で、神さまの心臓に耳を寄せて聞くならば、そこに一貫した神の愛の物語が聞こえる。途絶えることのない愛が聞こえる。私たちを変える愛の物語が聞こえる。

赤ちゃんを見てると面白いですよね。もうすぐ二歳になるAちゃんはハイハイでまずお母さんさんのところに行って、そのあとおばあちゃんのところ、次にお父さんのところ、それから私のところにも来てくれるんです。子どもってみんなの愛に取り巻かれて成長していくんだなと思います。子どもが成長していくためには愛が必要なんです。どれほどの愛が必要か。お母さんに抱きしめられて「愛してるよ、大好きだよ」と言われ続けるから、子どもたちはそのように愛するようになっていく。言われなきゃわからない。だから聞き続けないといけません。子どものころはそう聞き続けても、大人になって誰もそれを言ってくれなくなると「私は愛されてないいんじゃないか」と思うことがあるかもしれない。でも神さまは「わたしはあなたを愛している、あなたが大事だ、あなたはわたしの宝だ」と言い続けてくださっている。それを聞かなくてはなりません。それを聞かずに「私は神さまなんかいらない、自分が思うように好きなように生きていく」といばっていてはならないんです。神さまの招きを断って、神の愛なしに自分で一人前になって立派にやって行けるでしょうか。神の愛なしに人を愛せるようになるでしょうか。そんなこと、できるわけない。私たちはみな愛を必要としています。その愛を、神さまはあふれるほどに注ぎ続けてくださっています。

私たちが神さまなしに生きていくという道を選ぶなら、それこそが「のろいの道」なんだけれども、神さまの胸は早鐘を打つだろうと思います。だけど私たちを愛してくださる神さまは、私たちをのろいの道に行かせておくはずがない。私たちに降りかかるのろいをそのまま見ておられるはずがない。

「キリストは、ご自分が私たちのためにのろわれた者となることで、私たちを律法ののろいから贖い出してくださいました。『木にかけられた者はみな、のろわれている』と書いてあるからです。」（ガラテヤ3・13）

キリストは私たちのためにのろわれたものとなってくださいました。のろいの道を歩んでいた私たちを神さまはそのままにしておくことがおできにならなかった。私たちが自ら選んだのろいの道に苦しむのを見ていることができなくて、神さまはキリストをのろわれた者にしてくださいました。とんでもないことだと思います。ただ私たちからのろいを取り去るというわけにはいかないものだから、キリストをのろわれた者としてくださった。私たちがのろわれないためです。最大ののろいは神さまとの関係が絶たれるということではないかと思います。すべてののろいの源は神さまとの関係の破綻《はたん》ですけれど、神さまの胸の中に戻ることができないというのは最大ののろいの状態。でもその断絶そのものを滅ぼすために、イエスさまはのろわれた者となってくださいました。

「しかし、イエスは再び大声で叫んで霊を渡された。すると見よ、神殿の幕が上から下まで真っ二つに裂けた。」（マタイ27・50～51）

のろわれた者とされたイエス・キリストは、その生涯の終わりに大声で叫んだ。何を叫んだのかは書かれていません。聞き取れなかったのかもしれない。だけどその時に神殿の幕が上から下まで（まるで天からはしごが降りてくるような様《さま》、『天からのはしご』143頁以下参照）真っ二つに裂けました。この幕は神さまの臨在の場所と礼拝する人々を隔てる幕でした。この幕を通って、大祭司が一年に一度、たった一人で奥に入ることができたのです。ところがこの幕が神さまによって二つに裂けた。普通、人間が高い所からつってある幕を裂こうと思ったら下から引っ張りますから、下から上に裂けます。でもこの幕は上から下に裂けた。神さまが裂いてくださったんです。「あなたののろいはすべてキリストの上に置かれた。だからもうわたしの胸に生きることができる。今までは一人の大祭司が年に一度しか来れなかったけど、これからは誰でもこのイエス・キリストによって、わたしの胸でわたしの物語を聞くことができる」と。

特にクリスマスや年末年始の時などは、いろんなことを思います。しばらく教会に来ておられない方々のことも思ってお便りしたりするわけですけれども「私のようなものはもう神さまには顔向けできない」と思っておられる方もいると思うんです。でも、申命記に戻って、

「たとえ、あなたが天の果てに追いやられていても、あなたの神、主はそこからあなたを集め、そこからあなたを連れ戻される。」(30・4)

たとえあなたがどれほど遠く離れていても、神さまがあなたを連れ戻す。主語は神さまで

す。文字通りどんなことをしてでも、イエスさまは十字架につけてでも、神さまはあなたを連れ戻す。ひょっとしたら今ここにいる私たちも今後、何かにつまずくことがあるかもしれません。「もう教会なんか戻れない、神さまなんか知りたくない」と思うことがあるかもしれない。たとえそうだとしても、私たちがどこにいたとしても、そこからあなたを連れ戻す。これが神さまの約束です。神さまが祝福とのろいとおっしゃるとき、それは飴と鞭ではありません。「言うことを聞いたらいいことがあるよ」ってエサを差し出しているわけじゃないし、罰で脅かしているわけでもない。そうじゃなくって「わたしと一緒に歩かないか、わたしの胸の中で安《やす》らがないか、愛することを学ばないか」と神さまは真心を込めておっしゃっているわけです。

そして今も、また今からのち永遠に、ともに喜びの食卓を囲もうではないかと言っておられる。神さまに会うとはどういうことか。教室みたいにみんなが並んで、そこで神さまが語って、みんながメモをとるっていうことでは、おそらくないでしょう。聖書に書かれているイメージは祝宴です。祝いの宴なんです。飲み物も食べ物もふんだんに与えられ、互いが互いを喜び合う、ともにいることを喜び合う、それが神さまの世界です。

今から聖餐にあずかります。まだ洗礼を受けていない方はあずかることはできませんけれども、よく見ていただきたいと思うんです。永遠に続く祝宴が今すでに始まっていることを目に見える形で私たちが祝う、聖餐はそのような場です。

強く、雄々しくありなさい

聖書　申命記31章6～21節

6 強くあれ。雄々しくあれ。彼らを恐れてはならな
い。おののいてはならない。あなたの神、主ご自身
があなたとともに進まれるからだ。主はあなたを見
放さず、あなたを見捨てない。」7 それからモーセ
はヨシュアを呼び寄せ、全イスラエルの目の前で彼
に言った。「強くあれ。雄々しくあれ。主がこの民の父祖たちに与えると誓われた地に、彼
らとともに入るのはあなたであり、それを彼らに受け継がせるのもあなたである。8 主ご
自身があなたに先立って進まれる。主があなたとともにおられる。主はあなたを見放さず、
あなたを見捨てない。恐れてはならない。おののいてはならない。」

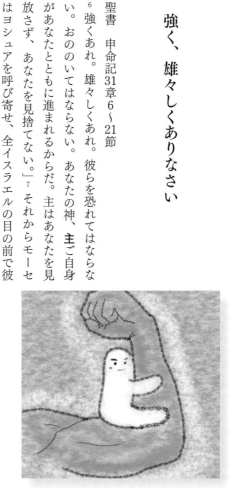

9 モーセはこのみおしえを書き記し、主の契約の箱を運ぶレビ族の祭司たちと、イスラエ
ルのすべての長老たちにこれを与えた。
10 モーセは彼らに命じた。「七年の終わりごとに、
すなわち免除の年の定めの時、仮庵の祭りに、
11 イスラエル全体が、主が選ばれる場所に、
あなたの神、主の前に出るためにやって来たとき、あなたはイスラエル全体の前で、彼ら
の耳にこのみおしえを読んで聞かせなければならない。
12 民を、男も女も子どもも集めな
さい。あなたの町囲みの中にいる寄留者も。彼らがこれを聞いて学び、あなたがたの神、主
を恐れ、このみおしえのすべてのことばを守り行うようにするためである。
13 これを知ら
ない、彼らの子どもたちもこれを聞き、あなたがたがヨルダン川を渡って所有しようとし
ている地で、彼らが生きるかぎり、あなたがたの神、主を恐れることを学ばなければなら
ない。」
14 それから主はモーセに言われた。「今や、あなたの死ぬ日が近づいている。ヨシュ
アを呼び寄せ、あなたがたは会見の天幕に立て。わたしは彼に命令を下そう。」モーセとヨ
シュアは行って、会見の天幕に立った。
15 主は天幕で雲の柱のうちに現れた。雲の柱は天
幕の入り口にとどまった。
16 主はモーセに言われた。「見よ、あなたは間もなく先祖とと
もに眠りにつこうとしている。この民は入って行こうとしている地の異国の神々を慕い、自
分たちのうちで淫行を行い、わたしを捨てて、わたしがこの民と結んだわたしの契約を破

る。[17]その日、わたしの怒りはこの民に対して燃え上がり、わたしも彼らを捨て、わたし
の顔を彼らから隠す。彼らが焼き尽くされ、多くのわざわいと苦難が彼らに降りかかると、
その日この民は、『これらのわざわいが私たちに降りかかるのは、私たちのうちに私たちの
神がおられないからではないか』と言う。[18]わたしはその日、彼らが行ったすべての悪の
ゆえに必ずわたしの顔を隠す。彼らがほかの神々の方に向かったからである。
[19]今、次の歌を書き記し、それをイスラエルの子らに教え、彼らの口にそれを置け。この
歌をイスラエルの子らに対するわたしの証しとするためである。[20]わたしが彼らを、彼ら
の父祖たちに誓った乳と蜜の流れる土地に導き入れるとき、彼らは食べて満ち足り、肥え
太り、そして、ほかの神々の方に向かってこれに仕え、わたしを侮ってわたしの契約を破
る。[21]多くのわざわいと苦難が降りかかるとき、この歌が彼らに対して証しをする。彼ら
の子孫の口からそれが忘れられることはないからである。わたしが誓った地に彼らを導き
入れる以前から、彼らが今しようとしている計画を、わたしはよく知っているからである。」

新年の**成人祝福ファミリー**礼拝にようこそいらっしゃいました。この「雄々しくあれ、強くあれ」というみことばは、正直に申し上げますと、私の苦手な箇所なんです。新聖歌には

「雄々しくあれ」という讃美歌がありますけれども、軍歌調みたいな進軍ラッパのような非常に勇ましい歌で、なんだか「もっと頑張れ。もっと、もっと頑張れ。どんな時でも頑張れ」と言われているような気がしちゃうんです。そういうのが苦手なのはひょっとしたら私だけではないかもしれません。しかし今回、選んだわけじゃなくて順番でどうしてもやってくるわけですけれども、ここをよく読んでみて、実はそういうことじゃなかった、ということがよくわかりました。「もっと頑張れ。気力をふるい起こして頑張れ」と言っているわけではないんです。申命記の3章にそのことがよくわかるところがあります。モーセが神さまの言葉を取り次いでいるんですが、

「ヨシュアに命じ、彼を力づけ、彼を励ませ。彼がこの民の先頭に立って渡って行き、あなたが見るあの地を彼らに受け継がせるからだ。」（3・28）

「彼を力づけ、彼を励ませ」という言葉と先ほどの「雄々しくあれ、強くあれ」という言葉、実は同じ言葉なんです。「力づけ」と「強くあれ」という言葉、それから「励まし」と「雄々しくあれ」という言葉がそれぞれ同じです。同じ文章が違う言葉に訳されている。で

すから「強くあれ、雄々しくあれ」というのは、「あなたは力づけられていなさい、励まされていなさい」ということなんです。力づけてくださるのは誰か、励ましてくださるのは誰か。神さまです。「あなたが頑張りなさい」と言っているのではないんです。それでは主語が自分になってしまいます。そうじゃなくて、主語はいつも神さまです。**聖書の主語はいつも神さまです。**神さまがあなたを力づけてくださる。神さまがあなたを励ましてくださる。あなたはそれを受け入れなさいと言っているのがこの「強くあれ、雄々しくあれ」というみことばなんです。「あなたが頑張れ、自分で頑張ってなんとかしろ」と言っているのではないんです。

「強くあれ。雄々しくあれ。彼らを恐れてはならない。おののいてはならない。あなたの神、**主**ご自身があなたとともに進まれるからだ。主はあなたを見放さず、あなたを見捨てない。」(31・6)

つまり神さまがあなたとともにいてくださる。あなたを懐に抱くようにして進んでくださる。そして「大丈夫だ。ことを成すのはわたしである。あなたは、わたしに抱《いだ》かれていたらよい」と語りかけてくださいます。神さまが励ます。何を励ますのか。自分の力で頑張るように励ましてくださるんじゃなくって、神さまに抱《いだ》かれる私たちを励ましてくださる。神さまは力づける。何を力づけてくださるのか。神さまに抱《いだ》かれるその手を力づけてくださる。「そうか、神さまの胸の中で神さまに抱かれることを、神さまが励ましてくださっている。力づけていてくださっている。」それがわかるようになって、私はこの箇所を好きになってきました。進軍ラッパなんかじゃない。そうじゃなくって、「私に抱かれていなさい」という、いつもの神さまの愛のささやきなんだ。「自分の力で何とかしなくてもいい。わたしが何とかするから、あなたはわたしに抱《いだ》かれていたらいい」とそう言っている。ですからこのように続きます。

「主ご自身があなたに先立って進まれる。主があなたとともにおられる。主はあなたを見放さず、あなたを見捨てない。恐れてはならない。おののいてはならない。」(31・8)

主がともにおられ、先に進んでくださる。戦われるのは主である。だから私たちは自分を奮い立たせる必要はない。本当は恐れているのに、その恐れを自分の力で押し殺して進んでいく必要はない。神さまが私たちを安らがらせ、抱きしめてくださる。私たちはその神さまの胸の温もりを感じながら進んでいけばよいわけです。このことは私たちクリスチャンの生き方に大きな影響を及ぼすと思います。もし私たちがこの聖句を進軍ラッパのように理解するならば「クリスチャンは神の兵士だから、勇敢に進め、進みに進め、いかなる犠牲をも顧みるな」というようなことになるかもしれません。

勇ましいクリスチャンというと、まず頭に浮かぶのは殉教者のことではないかと思うんです。殉教者のことを考えると、私たちは心がすくむような思いがする。自分が同じ立場になった時どうするだろうかと思う。江戸時代だったら自分も踏み絵を踏んでしまうんじゃないか。そういう恐れが誰にでもあると思うんです。私にもあります。そういうことで悩んだこともある。そういう時に「雄々しくあれ。強くあれ。」ということばをただ進軍ラッパのように受け止めるならば、それは私たちを苦しめるかもしれない。しかし、キリスト教会はその歴史を通じて殉教を積極的に奨励してきたわけじゃないんです。特に初期の教会においては、自分から殉教を希望するなんてむしろ慎むべきことだとされてきました。まずは逃れよ。できるだけ逃れよ。どうしても逃げることができなくなった時は、神さまがあなたを全うさせてくれるであろう。そういうふうに教えてきた。だから私たちは「自分も殉教しなければならないのではないか」とか、「そういう時に殉教できるだろうか」とか、そんなことに悩む必要はまったくない。そういうことが不安になったら神さまの胸の中で「神さま怖いです。神さま助けてください」と言い続けたらいい。その時に神さまは私たちを、励まし、力づけ、ご自分に抱《いだ》かれ続けさせてくださる。そして逃れさせ、あるいは全うさせてくださることもあるかもしれない。もし迫害されたらどうしようとか、踏み絵を踏まされたらどうしようとか、殉教しなければならなかったらどうしようというような架空の問題で悩む必要はないんです。神さまは私たちの現実に起こってくるさまざまな問題に、その都度、本当の解決を与えてくださいます。目の前に置かれている人をただ、愛すればいいんです。

「モーセはこのみおしえを書き記し、**主**の契約の箱を運ぶレビ族の祭司たちと、イスラエルのすべての長老たちにこれを与えた。モーセは彼らに命じた。『七年の終わりごとに、すなわち免除の年の定めの時、仮庵の祭りに、イスラエル全体が、主が選ばれる場所に、あなたの神、**主**の前に出るためにやって来たとき、あなたはイスラエル全体の前で、彼らの耳にこのみおしえを読んで聞かせなければならない。』」（31・9～11）

イスラエルは神のことばを毎年聞かなければならない。「強くあれ。雄々しくあれ。私に抱《いだ》かれていよ」ということばを聞かなければならない。「そんなの一度聞いたらすぐわかる」と言われるかもしれないけど、みことばというのは一度聴いて、頭で理解すればいいというものではないんです。みことばを聞いて、聞き続けて、みことばに生きる。みことばによって作り変えられて、みことばを聞く者に変えられてゆく。それが神さまの望んでおられることです。

毎週メッセージをお語りしてるんですけれども、いつも同じことばかり言ってるなと、自分でも思うんです。「まず出エジプト、それからシナイ山。救われて神さまとともに歩く歩き方が与えられる。私たちが成すべきことは、神さまの胸の中で生きることだけだ」と毎回申し上げている。「置かれた場所で丁寧に愛する」というふうにもいつも言います。「神さまの愛はこの世を超えて永遠に続く。いつまでも私たちは神さまと愛し合うんだ」とか、本当に同じことばかり言っているなと思うんです。それは別にこの教会だからというわけではなくて、どこへ行っても同じです。明日はキリスト兄弟団の新年聖会に行きますけれども、きっとそこでも同じことを語っていると思います。どうしてこの牧師はそんなに同じことばかり語っているのか。それは、福音がひとつだからです。いろいろあるわけじゃなくって、福音はひとつなんです。

あまり同じことばかり語っていると「もう牧師が何言うかわかったから、礼拝なんか行かなくていい」と、ひょっとしてそう思われるかもしれないけれども、やっぱりそれは違うと思います。学校で先生が同じことばかり教えていたら、そんな学校もう要らんということになりますけれども、礼拝は学校じゃない。礼拝は出来事が起こる場所なんです。礼拝は神のことばが語られる時に、神さまの御声を聞くという出来事が起こる場所なんです。そうして神さまの御声を聞く時に、私たちが賛美と感謝を心からささげることができるという出来事が起こる。そうすると、それを喜んでくださる神さまがさらに祝福を加えてくださるという出来事が起こる。福音は聞くだけでは十分じゃない。聞いている福音によって変えられ、福音を生きる。そういう出来事が、礼拝を通して私たちに起こる。それは礼拝の中だけで起こるわけじゃなくって、日常の生活の中で継続して起こるわけだけれども、礼拝で福音を聞くことは福音を生きることの第一歩です。続く歩みを支える大切な第一歩。

しかしそのように言われても、私たちはしばしば恐れおののくわけです。そして神さまの力づけと励ましが注がれているのに、そのみことばに耳をふさいでしまう。「それは今の私には関係がない、今の私の助けにはならない」と言って耳をふさぎ、目を閉じてしまう。そんなことがよくあると思うのです。そんな私たちに神さまはおっしゃいます。
「主はモーセに言われた。『見よ、あなたは間もなく先祖とともに眠りにつこうとしている。この民は入って行こうとしている地の異国の神々を慕い、自分たちのうちで淫行を行い、わたしを捨てて、わたしがこの民と結んだわたしの契約を破る。』」(31・16)
この民は、外国の神々を慕って、淫行を行う。21節中ほどには
「わたしが誓った地に彼らを導き入れる以前から、彼らが今しようとしている計画を、わたしはよく知っているからである。」(31・21)
まだヨルダン川を渡ってさえいない今から、この民は偶像礼拝をもう既に計画しているんだ。そういうふうに神さまはご存知である。これはとても悲しいことです。悲しいこと。だけど、それにも関わらず神さまはご自身に背を向けて裏切ること——神さまはそれを姦淫と呼ばれますけれども——そんなことをすでに計画しているイスラエルとともに進んでくださ

いました。そのことに目を留めたいと思うんです。私たちは弱く罪ある者たちです。しばしば「もう神さまにはついて行けん、そんなきれいごとは聞いてられん」と恵みに対して耳をふさぎ、目を閉じる私たち。でも、そういう私たちとともに、神さまは進んで行かれる。姦淫のイスラエルであることなんか覚悟の上で、ともにヨルダン川を渡られた。私たちはしばしば神さまに背をそむけてしまう、神さまのみことばに耳をふさいでしまう。弱さのゆえに崩れてゆく。そんな私たちと進むことを、神さまは覚悟とともに選んでくださった。

17節と18節は読みたくないようなところですが、そういうわけにもいきません。

「その日、わたしの怒りはこの民に対して燃え上がり、わたしも彼らを捨て、わたしの顔を彼らから隠す。彼らが焼き尽くされ、多くのわざわいと苦難が彼らに降りかかると、その日この民は、『これらのわざわいが私たちに降りかかるのは、私たちのうちに私たちの神がおられないからではないか』と言う。わたしはその日、彼らが行ったすべての悪のゆえに必ずわたしの顔を隠す。彼らがほかの神々の方に向かったからである。」(31・17～18)

神さまが御顔《みかお》を隠す。もうともにいない。関係を断ち切るとおっしゃった。イスラエルが他の国々とどこが違うかというと、神さまの胸の中に抱かれていて、そのことを知っているってことです。神さまが御顔を隠し、関係を絶たれてしまうならば、この民は何でもない。存在することができない。存在しても無意味になってしまう。生きてゆくことができない。「御顔を隠す」ということばで、神さまはそういうことをおっしゃった。しかし、聖書をずっと読んでいくと、これは本当じゃなかったということがわかるわけです。神さまはこの後も、誤った道を歩んで姦淫を犯し続けるイスラエルの民に預言者を送り続けるわけです。最悪の時にも預言者を送り続け、みことばを語り告げさせる。だから「神さまは私を捨ててしまわれたのだろうか。もう神さまの御顔が見えない」と感じるような人生最悪の時にも、神さまはともにいてくださるということを忘れてはならない。繰り返し、繰り返し神さまを裏切り続けたあのイスラエルを思い出してください。神さまは彼らを見捨てなかった。そのことを忘れてはならないと思うんです。

実はただ一度だけ、神さまが本当に御顔を隠されたことがあるんです。それは御子イエス・キリストに対して。このことを私たちはよく知っていると思います。

「さて、十二時から午後三時まで闇が全地をおおった。三時ごろ、イエスは大声で叫ばれた。『エリ、エリ、レマ、サバクタニ。』これは、『わが神、わが神、どうしてわたしをお見捨てになったのですか』という意味である。」（マタイ27・45〜46）

神の御顔がイエス・キリストから隠されました。キリストが見捨てられた。「本当は見捨てられてはいないけれど、イエスさまが見捨てられたんだと勘違いした」ということじゃないんです。イスラエルの場合は勘違いでした。見捨てられると思っても、見捨てられなかった。私たちの場合もそうです。見捨てられたように思っても、見捨てられてはいないんです。でもイエスさまは本当に見捨てられた。全地が暗くなったんです。見捨てられたということはイエスさまの心の中で起こったことではなくて、勝手な勘違いじゃなくって、神が本当に御顔を隠されたために全地が暗くなった。本当に神さまが御顔を隠してしまわれた。なぜそんなことをなさったのか。もっとも近しい御子イエス・キリストにどうしてそんなことをなさったのか。それは私たちが見捨てられないために。私たちに対して御顔を隠さないために。もうキリストが見捨てられたんだから、私たちは見捨てられないんです。キリストが見捨てられたんだから、もう他の者は見捨てられないんです。キリストに対して御顔をそむけてしまわれたから、神さまは他の者から御顔をそむけることをもうなさらない。私たちは決して見捨てられない。神さまが私たちに対して御顔を隠されることは決してない。そのことを覚えていただきたいんです。ヘブル人への手紙を開きましょう。

「キリストは、肉体をもって生きている間、自分を死から救い出すことができる方に向かって、大きな叫び声と涙をもって祈りと願いをささげ、その敬虔のゆえに聞き入れられました。」(ヘブル5・7)

イエスの十字架の叫びのひとつは「わが神、わが神、どうしてわたしをお見捨てになったのですか」というものでした。最後に大声をあげて事切れたっていう箇所もありますけれども、イエス・キリストの十字架の叫びはただ見捨てられたという嘆きの叫びではなくて、敬虔な祈りと願いだったと、ヘブル書はそのように言うわけです。つまり、見捨てられたキリスト、父の御顔を見ることができないキリストが、それでも祈りと願いをささげた。父を信頼していた。言うならば、見えない父の御顔を見ていた。日本語としてはおかしいと思います。見えない御顔をどうやって見るんだって思う。でも、そこに信仰の本質があると思うんです。

信仰とは「神さまなんていない」と思うその時に、それでも自分は神さまの胸の中に抱かれているということ。神さまが私を守ってくださっているなんて到底思えない。「どうしてこんなことになったんだ。どうしてこんなことが起こるんだ。神さまなんかもういない。いたって、私なんか愛していない」、そう思うその時に、それでも神さまの胸の中に抱かれている。目に見えるところはそのように見えなくても、でも私は神さまの胸の中に抱かれているのだとたましいが感じている。それが信仰だということができると思います。

こんな悲しいことがある、こんな苦しいことがある。それが神さまなんかいないということの証明なのか。それとも、そのような痛みや苦しみにも関わらず、神さまは私を支えてくださり、今もこの最悪の状況の中から善きことを造り出してくださるのか。どちらが本当なのか。答えは明らかだと思います。キリストの教会は試練の時にあっても、「神さまの御顔なんか見えない、神さまの御声なんか聞こえない、神さまなんかいないんじゃないか」と思える激しい試練の中にあっても、見えない神さまの御顔を見続ける。真っ暗な闇を通して、その向こうに神さまの御顔が見えるということを互いに思い出させ合い、そして「強く、雄々しく」とあるように互いに力づけ合い、励まし合って歩んでゆく。それがキリストの体である私たち教会です。短くひと言祈ります。

青年祝福の祈りもあわせて祈ります。恵み深い、愛する天の父なる神さま。この朝もあなたの胸の中で、あなたのみことばを聞くことができました。どうかあなたの力づけと励ましによって、あなたに抱かれていることができるように助けてください。目に見えるところ、あるいは耳に聞こえるところが私たちの願う通りでない時も、あなたの胸の中にいることを覚えていることができるように、なお互いに励まし合い、力づけ合わせてください。青年たちのためにも祈ります。本当に、青年たちにとっていろいろ困難が多い時代と言われていきます。そして本当に実際いろいろあります。けれども、見えないあなたが青年たちを抱きしめてくださっています。そして青年たちが喜んでいることを本当に喜んでくださっていて、「あなたがたは世の光である、地の塩である。」とそれぞれの場所に置いてくださり、そこで精一杯あなたをあがめ、精一杯周りの人々を愛せるよう助けてくださっていることをありがとうございます。どうか祝福してください。青年たちを祝福してください。若い家族を祝福してください。元青年たちみんなを祝福してください。ますます喜びの内に、なおあなたの胸の中に抱かれて歩み続けることができますように。尊いイエス・キリストのお名前によってお祈りいたします。アーメン。

癒《い》やしの神

聖書　申命記32章1～44節

1 天よ、耳を傾けよ。私は語ろう。地よ、聞け。私の
口のことばを。
2 私のおしえは雨のように下り、私のことばは露のよ
うに滴る。若草の上の小雨のように。青草の上の夕立
のように。
3 まことに私は主の御名を告げ知らせる。栄光を私た
ちの神に帰せよ。
4 主は岩。主のみわざは完全。まことに主の道はみな正しい。主は真実な神で偽りがなく、
正しい方、直ぐな方である。

5 自分の汚れで主との交わりを損なう、主の子らではない、よこしまで曲がった世代。6
あなたがたはこのようにして**主**に恩を返すのか。愚かで知恵のない民よ。主はあなたを
造った父ではないか。主はあなたを造り上げ、あなたを堅く立てた方ではないか。7 昔の
日々を思い出し、代々の年を思え。あなたの父に問え。彼はあなたに告げ知らせる。長老
たちに問え。彼らはあなたに話す。
8 いと高き方が、国々に相続地を持たせ、人の子らを割り振られたとき、イスラエルの子
らの数にしたがって、もろもろの民の境を決められた。
9 **主**は、測り縄で割り当て地を定められた。ご自分の民、ヤコブへのゆずりの地を。
10 主は荒野の地で、荒涼とした荒れ地で彼を見つけ、これを抱き、世話をし、ご自分の瞳
のように守られた。
11 鷲が巣のひなを呼び覚まし、そのひなの上を舞い、翼を広げてこれを取り、羽に乗せて
行くように。
12 ただ**主**だけでこれを導き、主とともに異国の神はいなかった。
13 主はこれを地の高い所に上らせ、野の産物を食べさせた。主は岩からの蜜と硬い岩から

の油でこれを養い、
14 牛の凝乳と羊の乳を最良の子羊とともに、バシャンのものである雄羊と雄やぎを小麦の
最良のものとともに、与えてくださった。あなたは泡立つぶどう酒を飲んだ。
15 エシュルンは肥え太ったとき、足で蹴った。あなたは肥え太り、頑丈でつややかになり、
自分を造った神を捨て、自分の救いの岩を軽んじた。
16 彼らは異なる神々で主のねたみを引き起こし、忌み嫌うべきもので、主の怒りを燃えさ
せた。
17 彼らは、神ではない悪霊どもにいけにえを献げた。彼らの知らなかった神々に、近ごろ
出て来た新しい神々、先祖が恐れもしなかった神々に。
18 あなたは自分を生んだ岩をおろそかにし、産みの苦しみをした神を忘れてしまった。
19 主は見て、彼らを突き放された。主の息子と娘たちへの怒りゆえに。
20 主は言われた。「わたしの顔を彼らから隠し、彼らの終わりがどうなるかを見よう。彼
らは、ねじれた世代、真実のない子らであるから。
21 彼らは、神でないものでわたしのねたみを引き起こし、彼らの空しいものでわたしの怒

りを燃えさせた。わたしも、民でない者たちで彼らのねたみを引き起こし、愚かな国民で
彼らの怒りを燃えさせる。
22 火はわたしの怒りで燃え上がり、よみの底まで燃えていく。地とその産物を焼き尽くし、
山々の基まで焼き払う。
23 わたしはわざわいを彼らの上に積み重ね、わたしの矢を彼らに向けて射尽くす。
24 飢えによる荒廃、災害による壊滅、激しい悪疫、野獣の牙、これらを、地を這う蛇の毒
とともに彼らに送る。
25 外では剣が子を失わせ、内には恐怖がある。若い男にも若い女にも、乳飲み子も白髪の
老人にも。
26 わたしは思った。彼らを一掃し、人々から彼らの記憶を消してしまおうと。
27 もしも、わたしが敵ののののしりを気にかけなかったら——彼らを苦しめる者どもが誤解
してはいけない。『われわれの手で勝ったのだ。これはみな、**主**がしたことではない』と
言うといけない。」
28 まことに彼らは思慮の欠けた国民、彼らのうちに英知はない。
29 もしも知恵があったなら、彼らはこれを悟ったであろうに。自分の終わりもわきまえた

であろうに。
30 彼らの岩が彼らを売らず、主が彼らを引き渡されなかったなら、どのようにして一人が
千人を追い、二人が万人を敗走させたであろうか。
31 まことに彼らの岩は私たちの岩に及ばない。敵もこれを認めている。
32 まことに彼らのぶどうの木は、ソドムのぶどうの木から、ゴモラのぶどう畑からのもの。
彼らのぶどうは毒ぶどう。その房は苦い。
33 そのぶどう酒は蛇の毒、コブラの恐ろしい毒。
34 「これはわたしのもとに蓄えてあり、わたしの倉に封じ込められているではないか。
35 復讐と報復はわたしのもの。それは彼らの足がよろめくときのため。彼らのわざわいの
日は近く、来たるべき時が速やかに来る。」
36 主は御民をかばい、主のしもべらをあわれまれる。彼らの力が去り、奴隷も自由の者も
いなくなるのをご覧になって。
37 主は言われる。「彼らの神々はどこにいるのか。彼らが身を避けた岩はどこにあるのか。
38 彼らのいけにえの脂肪を食らい、注ぎのぶどう酒を飲んだ者どもはどこにいるのか。彼
らを立たせて、あなたがたを助けさせ、あなたがたの隠れ場とならせよ。

39今、見よ、わたし、わたしこそがそれである。わたしのほかに神はいない。わたしは殺
し、また生かす。わたしは傷つけ、また癒やす。わたしの手からは、だれも救い出せない。
40まことに、わたしは誓って言う。『わたしは永遠に生きる。
41わたしが、きらめく剣を研ぎ、手にさばきを握るとき、わたしは敵に復讐をし、わたし
を憎む者たちに報いる。
42わたしの矢を血に酔わせ、わたしの剣に肉を食わせる。刺し殺された者や捕らわれ人の
血に酔わせ、敵のかしらたちの首を食わせる。』」
43国々よ、御民のために喜び歌え。主がご自分のしもべの血に報復し、ご自分の敵に復讐
を遂げて、ご自分の民とその地のために宥めを行われる。
44モーセはヌンの子ホセアと一緒に行って、この歌のすべてのことばを民の耳に語り聞か
せた。

申命記もいよいよ最後にさしかかってまいりまして、今日とあと一回で終わります。今日の32章は「モーセの歌」と呼ばれるところです。その少し前に、

「モーセはイスラエルの集会全体に聞こえるように、次の歌のことばを終わりまで唱えた。」（31・30）

とあります。歌なんです、これは。メロディーがあったかどうかはよくわかりません。音程のない詩のようなものだったかもしれません。いずれにしても、モーセはその生涯でいくつか歌を残していますが、これが最後のものです。ちょっと私たちがどきりとするような言葉が使われています。神さまの愛についてそういう言葉が使われています。

「主は荒野の地で、
荒涼とした荒れ地で彼を見つけ、
これを抱《だ》き、世話をし、
ご自分の瞳《ひとみ》のように守られた。」（32・10）

瞳というのは人が何よりも大切にするものです。何か飛んでこようものなら、自分の手が少々傷つこうがパッと瞳をかばう。本能的にまぶたを閉じて守る。手やまぶたよりも瞳の方が大事なんです。何よりも大切なものとして守る。手や足なんかじゃない、もっとずっと大事なものとして、神さまは私たちを守る。「あなたは私の瞳だ。わたしの大切な、大切な、大切な瞳だ」と、そのようにおっしゃってくださっているのです。

　私たちはいつも聖書を読んでいるので「ああそうですね、確かにそういう言葉がありましたね」と言うんだけれども、特段難しい部分じゃないからするっと読んでしまう。別に難しいことは何にも言ってないです、この「瞳のように」という言葉は。しかし「本当にそうなんだ」と思って聞く時、やっぱり心打たれるものがあるのではないでしょうか。私たちは神さまの「瞳」。愛する皆さん、神さまにとってあなたは、何よりも大切な一人ひとりであるということ。それをとても不思議なこととして、この朝聞くことができたらと思うんです。神さまの大切な私たち。何よりも大切な私たち。これ以上大切なものはない私たち。それがあなただということです。

　18節には「産みの苦しみをした神」という言葉が出てきます。

「あなたは自分を生んだ岩をおろそかにし、
産みの苦しみをした神を忘れてしまった。」（32・18）

「産みの苦しみをした神」。これもまた不思議な言葉です。神さまが産みの苦しみをする。産みの苦しみというのは女性が子どもを産むときに経験することです。男性である私には想像もできないですけど、それは大変な痛みであります。子どもが生まれてくると思うから耐えられるわけで、そうでなければ耐えられないような痛み。聖書にも書かれているように（創世記3・16）、女性は産みの苦しみを経験する。でも、神さまは私たちのために産みの苦しみをした神である。私たちの神さまとは、産みの苦しみをいとわない神さま。苦しむ神。これを「どうせ譬えでしょう。そういうふうにまあ書いてみただけでしょう」と思わないでいただきたい。もしこれが譬えだとすれば、それは実際の神さまの苦しみをほんの一部分しか表していないだろうと思うんです。

キリスト教会には十字架が掲げられています。この教会の十字架はシンプルな木だけで作られた十字架ですけれど、他の教会では、時には金や銀、あるいは高級な木材で作られたような十字架が掲げられているかもしれない。でも十字架というのは装飾品ではない。ブローチでもない、ペンダントでもない。イエス・キリストが、人となられた神が本当に釘付けにされ、断末魔の叫びをあげて死んだという死刑の道具です。神が人となって十字架の上で苦しんでくださった。産みの苦しみどころではないそのような苦しみを、キリストは体験してくださった。産みの苦しみをした神。いや、そんなのかすんでしまうようなそれどころではない十字架の苦しみをした神。それが私たちの神です。私たちを愛し、私たちが神の子として新しく生まれることができるように産みの苦しみをしてくださいました。十字架の上で産みの苦しみを苦しみ抜いてくださった、そのような神さまです。

このところ説教集を色々な方々に差し上げておりますけれども、その中のおひとりの方が感想を聞かせてくださいました。クリスチャンではない方なんですけれども、「聖書の神さまは哲学の真理のように変わらない、そういう方ではないんですね。私たちに語りかけ、私たちの応答を待つ神さまだということがわかった」とおっしゃる。実に核心をついた感想じゃないかなというふうに思ったんです。

真理というのは、要するに正しいか正しくないかということの物差しです。大切なもので、必要なものです。真理は曲げてはならないと思う。だけど神さまはそれ以上のお方なんです。ただ正しいだけじゃない。ただの真理じゃなくて生きていて、正しくない者、真理を踏み外した者、罰せられるべき者、打ち捨てられるべき者をあわれんで探し連れ戻して救い、ご自分の愛の中に置き、愛する者へと変えてくださる。だから神さまは不変の真理ではない。そうじゃなくて、私たちのためにどんなふうにでも変わってくださる。どんなものにでも変わってくださる。私たちが100キロメートル離れれば100キロメートル行ってくださる。200キロメートル離れたら200キロメートル行ってくださる。罪の中に堕ちていくならば罪人のようになってこの世に来てくださって、どんなにでもなさってくださる。私たちが大きな罪に陥れば陥るほど、もっと身を低くしてそこまで降りてくださる、そういう神さまなんです。

昨日は「一年12回で聖書を読む会」でした。通常は三人のクラスなんですけど、昨日はいろんな事情でお一人だけでした。それもなかなかいいもので、いろんな個人的な質問などもお聞きすることができます。その方は聖書も読んでいるんだけど、最近般若心経《はんにゃしんぎょう》の本を読み始めたというんです。そこに「色即是空《しきそくぜくう》」という有名な言葉がでてきます。その方の理解するところによるならば、「色《しき》」っていうのは存在するすべてのもの。色がついた全てのもの。それが結局全部変化していって最後にはなくなってしまう。「空《くう》」です。すべてのものはなくなってしまう。それがこの般若心経の中に出てくるそうです。それを聞いて「ああなるほど、それはまさに哲学だ」と思いました。この世界を観察したら、人は歳を取っていく。あるいは大事にしている茶碗もそのうち割れる。全部なくなっていくじゃないですか。確かに、人間が自分の目で観察している限りにおいて、すべては「空」で何にも残るものはないという哲学というか、仮説というか、そういう考え方が生まれるのは当然だろうなと思うんです。でも、聖書はそれとは違いますよということをお話ししました。聖書の一番初め。

「はじめに神が天と地を創造された。」（創世記1・1）

はじめに神が天と地を創造したとある。天と地が創造される前に何があったのか。神がおられた。人間が観察するならば、今あるすべてのものはなくなる。はじめ何もなかったわけだからなくなって当然。でも、神さまはおっしゃるんです。「そうだ。何もかもなくなっていく。だけどそのすべてを造ったのは私だ。この私が造った。あなた方には私を観察することができない。私が最初にいて、今もいて、とこしえにいるから。」人間の目とか耳を使っても、あるいはいろんな観測装置を作っても、その観測より神さまはもっと大きいから、神さまを観測することはできない。だから般若心経は「空」、結局すべては「ない」って言う。でも聖書は「ある」って言うんです。神さまはある。神さまはいる。そして神さまがいてもらいたい、いさせたいと思ったものはありつづける。すべてのものが滅びても、神さまが愛する私たち、そしてご自身と私たちとの間の愛に「永遠にあれ」とおっしゃるならば、永遠にあるんです。いくら人間の観測や般若心経や全ての哲学・物理法則が「ない」と主張しても、いや、聖書には「ある」と書いてある。神さまはおられる。そして神さまとともに生きる限り、私たちは「空」にはならないんです。そのことを知ってほしい。この「あるとおっしゃるお方」を見つけてほしい。このお方の肩に乗せていただき安心して生きていってほしい。安心して愛を注いで生きてほしい。

どうして家族の中で、あるいは友人の中で、職場で、学校で、近所の中で「売り言葉に買い言葉」みたいなことが色々起こっていくのか。誰かに何か言われた時に「いやいや、そうかもしれんけどまず私の言うことを聞け」「いやいやそっちの方がまず聞いて」と、なんでそういうことがおこるのか。恐れがあるからです。このまま相手に言いたいように言わせておいたら、私は自分の存在を否定されたり傷つけられたりするんじゃないかと思って恐れるわけです。でも、みんな神さまの肩に乗せられているならば、何も恐れることはない。落ち着いて、相手に言いたいことを言いたいだけ言わせてあげたらいい。聞いて受け止めるところから始まる「愛」というものが、そこにはあります。

「鷲が巣のひなを呼び覚まし、
そのひなの上を舞い、
翼を広げてこれを取り、
羽に乗せて行くように。」（32・11）

鷲は羽の上にそのひなを乗せるんだそうです。ひなは飛べませんが、親の翼に乗って空を飛ぶ。空を飛ぶということがどういうことなのか。そこで見える景色がどういうものであるのか。そこで感じる風《かぜ》がどういうものであるのか。神さまは私たちが見たことがない景色を見させてくださる。見たことがないような祝福をみせてくださる。感じたことがないような愛を感じさせてくださる。神さまの肩に乗せていただいて、神さまの翼に乗せていただいて、私たちも見たことがないような人間関係を、見たことがないような心の平安を見たいと思わないでしょうか。みなさんもうすでに、それをかじって、味わいはじめておられると思います。

モーセの歌は愛の歌であります。神さまの愛を歌っている。しかし瞳のように愛されたイスラエルは、神さまを裏切りました。

「エシュルンは肥え太ったとき、足で蹴った。
あなたは肥え太り、頑丈でつややかになり、
自分を造った神を捨て、
自分の救いの岩を軽んじた。」（32・15）

モーセが死ぬ際に「これからヨルダン川の向こう側に入って行った時に、あなた方はこういうことをするであろう」と言ってるわけです。そしてこれは後の時代に実際に起こるんです。エシュルンというのはイスラエルの別名。詩的な表現です。イスラエルは肥え太ったとき足で蹴った。誰を蹴ったか。神さまを蹴った。目に見えない神さまを足で蹴るってどういうことか。それは、足蹴《あしげ》にするように神さまの愛を捨て去った、顧みなかったということです。神さまの心を傷つけたと言ってもいいと思います。神さまは私たちのことを「瞳のように大切だ」と言ってくださった。何よりも大切なご自身の「瞳」のようだと。「あなたより大切なものは他にない」とおっしゃる神さま。でもその神さまを足蹴にした。なんか立場がまったく反対なわけです。神さまの方が「わたしはあなたを瞳のように愛し

ている」と愛を打ちあけるんだけど、人間の方は知らん顔というわけです。おかしいです。でも世界は本当にそういうおかしな有様になっている。何もかもがおかしくなっているわけです。神を足蹴にしたイスラエルが具体的に何をしたかというと、偶像礼拝をした。神を礼拝することをやめたというわけではなかったんだけど、両方やった。神殿にも行くけど、偶像のところにも行く。偶像を神さまと並べるようになっていく。それが神さまを足蹴にするということです。

偶像礼拝というのは、今までも何度か出てきましたが、神様を矮小化、つまり実際よりもずっとずっと小さくしてしまうこと。目に見える作り物の神を作って拝むこと。木や石で作ったちっちゃなものを拝むこと。「奈良の大仏は大きいじゃないか」と言うかもしれないけど、あれだって世界から見たら小さいですよ。そんなものがあなたの神なのか。天地の造り主である神、あなたのことを瞳のように愛されている神は、そんな青銅や木あるいは黄金で作ったものなのか。神さまはそんな小さなものなのか。その神に向かってあなたは何をするのか。「自分に都合のよい願いごとを聞け」と言うのか。あなたに都合の良い願いごとを言われた通りにかなえる神というのがどれほど小さい神かわかるだろうか。あるいは、罪をとがめずあなたの心の赴くままにしたい放題をさせる神がいるとするならば、あなたはその神に満足することができるのか。見たことがないような命の溢れる生活へあなたを導き入れてくださるのが、あなたの神ではないのか。その神を足蹴にして、自分の小さな欲望を満たすことに心を奪われて、神を小さなものとしてしまうのか。木や石で作った神さまと並べて「この神さまも、あの神さまもどうぞよろしくお願いします」とそうやってあなたの人生を生きていくのか。神さまの愛を、瞳のように愛する愛を、あなたは顧みないのか。

イスラエルはそういうふうになってしまうだろうと、神さまは心を痛めておられるんです。人がそういう矮小化された神を頼りにするとき、神さまの心は傷つくんです。「このわたしの愛がこの人々には通じない、受け入れられないのか」と言って傷ついておられる。

「彼らは、神でないものでわたしのねたみを引き起こし、
彼らの空しいものでわたしの怒りを燃えさせた。」(32・21)

聖書(聖書 新改訳2017)で「わたし」とひらがなで書いてある場合は「**父なる神**」、あるいは新約聖書では「**キリスト**」のことです。人間の「私」と区別できるように使いわけてるんです。一方「彼ら」というのは**イスラエル**のことです。「わたしのねたみを引き起こし、

彼らの空しいものでわたしの怒りを燃えさせた」と神さまはおっしゃっている。ねたみ。神さまがねたむっていうこの箇所の翻訳は、明治以来多くの人々をつまづかせてきました。「ねたむような神さまは怖い。ねたみ深い嫉妬深い神さまは怖い。うっかり近づいたらねたまれる」と多くの人々がつまずいた、いわく付きの箇所なんです。でも、その「ねたみ」はなんだかイヤらしい小さい心から出てくる、そういうねたみじゃないんです。ここで言おうとしてるのは、イスラエルの愛がご自分に注がれなかったことを悲しまれてるっていうことなんです。

神さまご自身が、イスラエルに愛してもらいたかった。イスラエルと一緒にいたかった。彼らの愛が欲しかったと、おっしゃっておられる。注がれなかった愛を惜しんでおられる。それがねたみです。愛を注がれなかった悲しみ。そして怒りという言葉もでてきます。これは悲しみの怒りです。あなたがたがわたしに真実の愛を注いでくれなかったという悲しみが、ねたみや怒りという表現をとっています。この怒りはやみくもな憎しみによる怒りとは区別されなければならないと思います。愛から沸き起こるねたみであり、愛するがゆえの怒りであると思います。今も、もし私たちが神さまを矮小化して「私の願いを聞いてくれないような神さま」と思ったり「神さまは本当にいるのかしら」なんて言うならば、神さまは悲しく思い心痛められる。神さまはそのようなお方です。
39節に不思議な言葉があります。

「わたしは殺し、また生かす。
わたしは傷つけ、また癒やす。」（32・39）

ご自身を足蹴にしたイスラエルに神さまが「そんなことするなら殺すぞ、傷つけるぞ」と言うなら、まだ人間にはわかりやすいです。神さまを足蹴にしたから、粗末にしたから、悪いことしたからバチが当たる。人間にはとってもわかりやすい。でもそうじゃないんです。「殺しまた生かす。傷つけまた癒す。」わかりにくいようですけれど、聖書を読む時はいつも「神さまの愛」という視点から読むと真意がわかってきます。モーセが死んでヨルダン川を渡った後、イスラエルは偶像礼拝に陥り、その結果、繰り返し他国の侵略を受けることになります。ついにはバビロンという何百キロも離れた国に根こそぎ連れて行かれる、バビロン捕囚ということが起こるわけです。モーセの歌が歌われてから約900年後にそういうことが起こる。なぜ神さまはそんなことを許されたのだろうか。瞳のように守るとおっしゃったじゃないか。不思議に思うわけですけれども、それはイスラエルを正気に戻らせるためなんです。イスラエルが神さまを矮小化、つまり自分の召使い、それも数多くいる召使いのひとりのように扱うことをやめ、神さまを夫のように愛せるようになるため。イスラエルを殺すためではなく、生かすため。イスラエルを傷つけるためではなく癒やし、生かすために。

神さまが出来事を起こすことを許されることには、何か不条理に思えることもあります。どうして神さまはそんなことを許されるのか、説明できないし、されてもわからないです。だけど、神さまが何かをなさるのは「生かすためであり癒やすため」なんです。この悲惨な出来事の何がどうしてどうなって生きることになるのか、癒やされることになるのか。分からないです。説明されてもわからない。でも、そうなんです。神さまはそういうお方なんです。それを信じて「神さま、このことからも私が見たこともない景色を見せてください」と歩み出すか、それとも「こんな神さまはあてにならん」と小さな神さまをいっぱい並べて生きるのか。私たちの前にはそういう選択がいつもあると思います。モーセの歌の終わりは、

「国々よ、御民のために喜び歌え。
主がご自分のしもべの血に報復し、

ご自分の敵に復讐を遂げて、
ご自分の民とその地のために宥《なだ》めを行われる。」（32・43）

あなた方はやがて苦しめるものから解き放たれることになる。喜び歌うようになる。私たちも礼拝で、あるいは家庭でも賛美歌を歌います。喜び歌います。私たちは別にバビロン捕囚から解放されたわけじゃない。けれども、もっと大きなものから解放された。「罪と死の力」からの解放です。

「『死よ、おまえの勝利はどこにあるのか。死よ、おまえのとげはどこにあるのか。』死のとげは罪であり、罪の力は律法です。しかし、神に感謝します。神は、私たちの主イエス・キリストによって、私たちに勝利を与えてくださいました。」
（第一コリント15・55〜57）

死に対する勝利を与えてくださった。罪に対する勝利を与えてくださった。神さまが私たちを「生きる者」としてくださった。神さまは罪という病からわたししたちを癒やし、今日も日々癒やし続けてくださっている。クリスチャンとしての毎日っていうのは、ますます癒やされ愛が増し加わっていく、そういう毎日です。この毎日はどこへ続いていくのか。「結局みんな死ぬじゃないですか。般若心経じゃないけれども、色即是空でしょう。結局生きてる私たちは、形あるものはみんな死んでいくじゃないですか」という人もいるかもしれない。それはそうだけれども、しかしイエス・キリストはよみがえられた。そのことによって死という牢獄の「鍵」はもう破られている。私たちは死ななければならないけれども、その牢獄にずっといる必要はまったくない。鍵が掛かっていないから。イエスさまがもう一度来られる時に、そこから復活させていただくことができる。

「罪」や「死」というバビロンとは比較にならないような強大なそのような敵を、神さまは「仇」と呼んで討ち取ってくださる。復讐をしてくださる。私たちの敵は神さまの敵なんです。罪であれ死であれ、私たちには手に負えないものであっても、神さまはそれをもう滅ぼされた。十字架の上でそれを滅ぼしてくださった。癒やすために傷つける。生かすために殺す。でも実際に傷つけられ殺されたのは私たちではないんです。イエスさまが十字架の上で傷つけられ殺された。だから「わたしは殺し、また生かす。わたしは傷つけ、また癒やす」というその申命記のことばが本当に実現したのは十字架の上なんです。神さまはイエスさまを傷つけて「あなたを癒やす」と言った。「わが子イエスを殺して、あなたを生かす」と言ってくださった。そういうふうに、想像を絶するスケールでこのことばが実現いたしました。だから私たちは神さまを喜ぶ歌を歌う。キリストを喜ぶ歌を歌う。ただ神さまの憐れみによって。

私たちが何かをしたからじゃないんです。私たちがよいことをしたからじゃない、修業したからでもない、聖書をいっぱい読んだからでもない、お祈りをいっぱいしたからでもない。ただ神さまが私たちをあわれんで瞳のように守っている。神さまを足蹴にして生きてきた私たちを、それでも瞳のように愛し抜き、生きる者としてくださいました。こうして今日も私たちは愛の歌を歌いながら、それぞれ置かれている持ち場へと遣わされていきます。パウロはこう続けます。

「ですから、私の愛する兄弟たち。堅く立って、動かされることなく、いつも主のわざに励みなさい。あなたがたは、自分たちの労苦が主にあって無駄でないことを知っているのですから。」（第一コリント15・58）

主のわざとは何か。愛することです。だからそれぞれがおかれた場所で目の前にいる人々に丁寧に向き合う。それが主のわざに励むということです。でも「自分の力で頑張ってやろう」ということじゃない。「どこへ行ったって私たちは神さまに瞳のように守られている。私たちの心を神さまはご自分の瞳のように、それ以上大切なものはないものとして守ってくださっている」ということを覚えていただきたいと思います。

最後に一つ、具体的なアドバイスを。私たちの毎日の歩みの中で信仰の成長に気を取られ過ぎてはならないということを覚えておいていただきたいと思います。「私の信仰は成長しただろうか、充分だろうか、まだまだだろうか」と、そういうふうに気を取られ過ぎてはならない。「祈りは足りてるだろうか、聖書を読むのは足りてるだろうか」とそうやっていちいち立ち止まって「ああ足りないな、ダメだな」と自分を責める必要はないです。神さまのみことばを聞いて信頼してゆく。それを聞いたならば、そこに応答の祈りが生まれるんです。短い祈りで構わない。キリストとともに瞳のように守られながら生きていく時に、振り返ったら私たちの愛は成長している。植木鉢に植えた種を何度も何度も引っこ抜いて根が出たか芽が出たかと確認するようなことは必要はない。瞳のように守られて、その守りの中で私たちの愛は成長しているんです。みことばを聞いてキリストとともに生きる私たちは成長していることを疑わず、喜びを持って安心してご一緒にこの年も歩んでまいりたいと思います。

短く一言祈ります。

恵み深い天の父なる神さま。あなたはこの朝も私たちを瞳のようにご自身の愛の中においてくださり、一人だけではなく、こうして愛する兄弟姉妹とともに、あなたのことばによってもてなしてくださったことをありがとうございます。私たちに兄弟姉妹を与えてくださってありがとうございます。この人々を、私たちは愛することができます。愛されることができます。そしてあなたの守りの中で今日も、明日も堅く立って、あなたの愛のわざに励んで参ります。

尊いイエスさまのお名前によってお祈りいたします。アーメン。

いのち果てるとも

聖書　申命記34章1～12節

1 モーセはモアブの草原からネボ山、すなわち、エリ
コの向かいにあるピスガの頂に登った。主は彼に次の
全地方をお見せになった。ギルアデをダンまで、
2 ナフタリの全土、エフライムとマナセの地、ユダの
全土を西の海まで、3 ネゲブと低地を、すなわち、な
つめ椰子の町エリコの平地をツォアルまで。4 そして
主は彼に言われた。「わたしがアブラハム、イサク、ヤコブに『あなたの子孫に与える』と
誓った地はこれである。わたしはこれをあなたの目に見せたが、あなたがそこへ渡って行
くことはできない。」

5 こうしてその場所で、**主**のしもべモーセは**主**の命によりモアブの地で死んだ。6 主は彼
を、ベテ・ペオルの向かいにあるモアブの地の谷に葬られたが、今日に至るまで、その墓
を知る者はいない。7 モーセが死んだときは百二十歳であったが、彼の目はかすまず、気
力も衰えていなかった。8 イスラエルの子らはモアブの草原で三十日間、モーセのために
泣き悲しんだ。こうして、モーセのために泣き悲しむ喪の期間は終わった。
9 ヌンの子ヨシュアは知恵の霊に満たされていた。モーセがかつて彼の上にその手を置い
たからである。イスラエルの子らは彼に聞き従い、**主**がモーセに命じられたとおりに行っ
た。10 モーセのような預言者は、もう再びイスラエルには起こらなかった。彼は、**主**が顔
と顔を合わせて選び出したのであった。11 それは、**主**が彼をエジプトの地に遣わして、ファ
ラオとそのすべての家臣たち、およびその全土に対して、あらゆるしるしと不思議を行わ
せるためであり、12 また、モーセが全イスラエルの目の前で、あらゆる力強い権威と、あ
らゆる恐るべき威力をふるうためであった。

二月第一主日の礼拝にようこそいらっしゃいました。一昨年の四月から約二年にわたって創世記、出エジプト記、レビ記、民数記、申命記と、「**モーセ五書**」と言われる旧約聖書冒

頭の五つの書を読み進めてまいりましたが、今日で終わりですね。ようやく終わるかという感じです。モーセの死をもって申命記、そしてモーセ五書は閉じられるわけです。

「これはいつまで続くんですか」とか「旧約聖書はやっぱり難しいですね」っていう声もありました。実は新約聖書だって難しいんです。でも旧約聖書の方がより難しく感じる原因は、おそらくあまり読む機会がないからでしょう。新約を読む人は多いけれど、旧約はあまり読まない傾向があって、旧約聖書が分かりにくく感じるのではないかなと思います。新約聖書は比較的短いし、どちらかというと聖書全体の「結論」が書いてある。一方、旧約聖書はその「前提」となっている。神さまはが私たちを愛してくださって、背いても、背いても、それでも私たちを愛し続けるお方だということが、イスラエルの裏切りの歴史を通して嫌というほど書いてあるんです。「神さまとはこういうお方なのだ」という前提をもって新約聖書を読むと、「こういうふうに生きなさい」と書いてあるのは「そうしなければ罰せられる」とかいうことでは全然ないっていうことがよく分かるわけです。旧約がその基本になっている。そういうことでこの二年間、たっぷり読んできたわけです。このモーセ五書から私たちはあたかも神さまの体温を感じるように、神さまの私たちへの思いなどを感じ取ってきました。このお方はどこまでも私たちを愛するお方だということを頭に置きながら、来週からは

「マルコの福音書」に進んでいきたいと思います。
さて、モーセは百二十歳で死にました。大往生、百二十歳なら充分ですね。天寿を全うするという言葉がありますけれども、まさにそのような年齢だと思う。普通だったら老衰のように、静かに召されていくという年齢です。しかしモーセの場合はそうではなかった。

「モーセが死んだときは百二十歳であったが、彼の目はかすまず、気力も衰えていなかった。」（34・7）

老衰どころじゃない、本当に元気だったんです。つまりモーセの死は自然死というようなものではなかった。むしろ神さまが「もうここまで」と線を引かれたような、とどめられたような、そういう死であったということができます。この後、イスラエルはヨルダン川を渡って約束の地カナンへと進んでいきます。気力とか体力とかで言うならば、モーセはまだまだイスラエルを率いていくことができたでしょう。でも神さまはそれを止めた。「もうあなたの使命はここまでだ、ここで終わりにしよう」とモーセの使命を閉じられました。聖書はその理由を民数記で明確に記しています。なぜモーセは約束の地に入ることができなかったか。それは30数年前、エジプトから出たばかりのころ、岩に命じて水を出すように言われたのに、岩を打った。このただ一度の出来事によって、約束の地に入ることができなくなったんです。

「イスラエルの全会衆は、第一の月にツィンの荒野に入った。民はカデシュにとどまった。ミリアムはそこで死んで葬られた。

そこには、会衆のための水がなかった。彼らは集まってモーセとアロンに逆らった。民はモーセと争って言った。『ああ、われわれの兄弟たちが**主**の前で死んだとき、われわれも死んでいたらよかったのに。なぜ、あなたがたは**主**の集会をこの荒野に引き入れ、われわれと、われわれの家畜をここで死なせようとするのか。なぜ、あなたがたはわれわれをエジプトから連れ上り、このひどい場所に引き入れたのか。ここは穀物も、いちじくも、ぶどうも、ざくろも育つような場所ではない。そのうえ、飲み水さえない。』モーセとアロンは集会の前から去り、会見の天幕の入り口にやって来て、ひれ伏した。すると**主**の栄光が彼らに現れた。

主はモーセに告げられた。『杖を取れ。あなたとあなたの兄弟アロンは、会衆を集めよ。あなたがたが彼らの目の前で岩に命じれば、岩は水を出す。彼らのために岩から水を出して、会衆とその家畜に飲ませよ。』そこでモーセは、主が彼に命じられたとおりに、**主**の前から杖を取った。

モーセとアロンは岩の前に集会を召集し、彼らに言った。『逆らう者たちよ。さあ、聞け。この岩から、われわれがあなたがたのために水を出さなければならないのか。』モーセは手を上げ、彼の杖で岩を二度打った。すると、豊かな水が湧き出たので、会衆もその家畜も飲んだ。

しかし、**主**はモーセとアロンに言われた。『あなたがたはわたしを信頼せず、イスラエルの子らの見ている前でわたしが聖であることを現さなかった。それゆえ、あなたがたはこの集会を、わたしが彼らに与えた地に導き入れることはできない。』」

（民数記20・1〜12）

ここでのイスラエルの振舞いはあまりにひどくないでしょうか。「お前は私たちをこんな荒れ野に連れて来て死なせようとしている、殺そうとしているんじゃないか」と叫んでいる。「モーセが私たちを死なせようとしている」と勝手に決めつけて、責め立てているわけです。一方モーセはどういう人であったかというと、民数記12章で「地上のだれにもまさって非常に謙遜であった」と言われています。地上の誰よりもすごいってことですよね。地上の誰よりも謙遜な人が、その生涯においてただ一度、しかも打ったのは人間ではなく岩です。それだけでモーセは約束の地に入ることができなかった。私はここを読んだとき、神さまはひどすぎる、厳しすぎると思った。長い間、不可解でした。前にこういうメッセージを聞いたことがあります。「このモーセでさえ約束の地に入れなかったのだから、私たちも気をつけて、モーセのように約束の地に入り損ねることがないように注意しましょう。」それを聞いて私は「地上で誰にもまさって謙遜な人であったモーセが、たった一度の失敗によってダメだって言われるのなら、基準が高すぎる」と元気をなくしました。努力する意欲も気力も起こらなかった。

実は、モーセは以前にも水を出したことがあります。

「イスラエルの全会衆は**主**の命によりシンの荒野を旅立ち、旅を続けてレフィディムに宿営した。しかし、そこには民の飲み水がなかった。民はモーセと争い、『われわれに飲む水を与えよ』と言った。モーセは彼らに『あなたがたはなぜ私と争うのか。なぜ**主**

を試みるのか」と言った。民はそこで水に乾いた。それで民はモーセに不平を言った。『いったい、なぜ私たちをエジプトから連れ上ったのか。私や子どもたちや家畜を、渇きで死なせるためか。』そこで、モーセは主に叫んで言った。『私はこの民をどうすればよいのでしょう。今にも、彼らは私を石で打ち殺そうとしています。』主はモーセに言われた。『民の前を通り、イスラエルの長老たちを何人か連れて、あなたがナイル川を打ったあの杖を手に取り、そして行け。さあ、わたしはそこ、ホレブの岩の上で、あなたの前に立つ。あなたはその岩を打て。岩から水が出て、民はそれを飲む。』モーセはイスラエルの長老たちの目の前で、そのとおりに行った。」（出エジプト記17・1〜6）

ここでは神さまは、岩を打てとお命じになった。そしてモーセはそのようにした。彼は主に叫んでそのようにした。しかし先ほどの民数記20章では、神さまは岩に打てとは言ってない、岩に命じよと仰せになった。それなのにモーセは岩を打ってしまった。ただそれだけといえばそれだけなのだけれども、よく読んでみるとモーセの神さまへの向き合い方がちょっと違うんです。聞き流しているんです。「はいはい、あれですね。例のやつですね。あれをもう一回やるんですね。」実際この時、彼はいつものモーセではなかったように思えます。地上の誰にも勝って非常に謙遜であったモーセとは違う姿がここにあります。彼はこう言ったんです。「逆らう者たちよ、さあ聞け。この岩から私たちがあなた方のために水を出さなければならないのか。」主語が「私たち」、つまりアロンとモーセですよね。主語が変わってきているんです。まるで自分が主人公であるかのように、今までも自分たちの力で水を与えてきたかのように言っている。「もうお前たちにはうんざりだ」と。

非常に謙遜なはずのモーセでしたが、この時はイスラエルを導く指導者としての道を踏み外していただろうなって思うのです。もともとイスラエルの指導者に要求されるのは力でも知恵でもない、神さまの胸の中に抱かれているという、ただそのことだけでした。あとは神さまがしてくださるのです。ところがこの時のモーセは、神さまの胸の中にいると言うことをまるで忘れたかのようです。この謙遜な人といえども、我慢に我慢を重ねて長年イスラエルを導いてきたので、この時には「もう我慢できない」と思ったかもしれない。ひょっとしたら「怒って岩を打つ」というのは、ポンポンと優しく叩いたのではなくて、怒りを込めて力任せに「このイスラエルめ」というつもりで打ったのかもしれない。もちろん岩は打たれても痛いと思わない。でも神さまのお心は、この時痛んだだろうと思うのです。モーセは「イスラエル、お前たちは本当にしようがない連中だ。そんなに水が欲しいのか、じゃあ出してやる」と、まるで神さまがいないかのように振舞った。イスラエルを導いてくださったのは神さまなのに、モーセは自分とアロンだけでイスラエルを導いてきたかのように振舞った。そのことは神さまの痛みであり、神さまを悲しませただろうと思うわけです。

しかし、約束の地に入ることができなかったからといって「神さまはモーセを見捨てた」と理解するのも違うと思います。

「モーセのような預言者は、もう再びイスラエルには起こらなかった。彼は、**主**が顔と顔を合わせて選び出したのであった。それは、**主**が彼をエジプトの地に遣わして、ファラオとそのすべての家臣たち、およびその全土に対して、あらゆるしると不思議を行わせるためであり、また、モーセが全イスラエルの目の前で、あらゆる力強い権威と、あらゆる恐るべき威力をふるうためであった。」（34・10〜12）

これが申命記の終わり、結論です。〈モーセは約束の地に入ることができなかった〉、では終わっていないのです。そうじゃなくて「モーセはこれ以上ないイスラエルの導き手であった。モーセは忠実に神に仕え、そして神さまの栄光を現わし、またイスラエルの人々を率いて神さまに会わせた」と、神さまはモーセの生涯をそのように結論づけられた。モーセは確かに罪を冒した。でも神さまはその弱さも罪もすべてご存じの上で「彼は私のしもべ、それも得難いしもべであった」と、彼の人生をそのように総括してくださいました。確かに、約束の地に入ることはできませんでした。しかし、神さまはひとたびご自分の胸からこぼれ落ちそうになったモーセを抱きしめなおして、「あなたはよくやった。本当によくやった。もう休んだらいい」と言って、ご自分の胸の中で死なせてくださった。ここに神さまの愛がうかがえると思います。

しかし地上の命がこのように果てても、神さまとモーセの愛の関わり合いはここで終わっていないわけです。新約聖書ルカによる福音書9章を開きましょう。イエス・キリストが弟子たちを連れて山に登り、ご自身が神であることを示されるという非常に大切なところです。

「これらのことを教えてから八日ほどして、イエスはペテロとヨハネとヤコブを連れて、祈るために山に登られた。祈っておられると、その御顔の様子が変わり、その衣は白く光り輝いた。そして、見よ、二人の人がイエスと語り合っていた。それはモーセとエリヤで、栄光のうちに現れ、イエスがエルサレムで遂げようとしておられる最期について、

話していたのであった。」（ルカ9・28～31）

このイエス・キリストが人となってこの世界に来てくださった時に、ただ二人の人間だけがイエスさまとやがて来る十字架、そしてそれを通して現わされる神さまの恵みについて語り合うことを許された。ひとりはエリヤ、そしてもうひとりはモーセです。モーセは約束の地に入ることができなかったからといって神さまに見捨てられたのではなかった。そうじゃなくて彼は神さまの胸の中で死に、まだ復活してはいないけれども、神さまの胸の中で役割を果たしていた。モーセとイエスさまがどんな会話をしたかは分かりません。でも、十字架について語り合っていたということですから、ひょっとしたらモーセはイエスさまに「あなたが十字架にかけられるというのは私の罪のためでもあります。あの時、私は自分がまるで神であるかのようにふるまい、怒りを込めて岩を叩いた。愛することができなかった。その罪のためにも、あなたは十字架にかかってくださるのですね」と申し上げたかもしれません。あるいは「私のためにご自分を捨ててくださることをありがとうございます」と感謝したかもしれない。ひょっとしたらイエスさまは、モーセやエリヤから励ましや慰めを得たかもしれないとも思うのです。

モーセというのはそのように神に喜ばれた人物でした。神に喜ばれる歩みをすることができた。それは彼が素晴らしい人物だからというわけではない。今日も見たとおり、彼には罪もある、問題もある。でも、それでも、神さまがご自分の胸の内で歩ませてくださった。モーセの罪は赦されたのです。約束の地に入ることができなかったのは罰じゃない。その人生の終わりを見て「彼は神さまに愛されていなかったんだ」とか「彼は神さまの罰を受けたんだ」とか、そんなことを軽々しく言ってはならないと思います。モーセは罪を赦され、そして命果てたその後も神の友であり続けた。私たちも同じですよね。弱さや罪も、お互い嫌になるほどあるわけです。それでも私たちは神さまの胸の中で生き、神さまの胸の中で死に、そして神さまの胸の中に復活します。

宣教師だった友人が18年間にわたる働きを終えて日本に帰ってこようとしていた。ところが直前になって、彼が育てた現地の牧師の中から、それも最も期待していた人の中から大きな罪を冒す者が現れた。麻薬の売買に手を染め、しかも悔い改めることをしない。その時、その宣教師は「私の18年の働きの実がこれなのか」と漏らしたんです。本当に胸が痛くなるような出来事です。けれども私はちょうどその時、この申命記34章を見て読んでいたので、彼にこう言うことができました。「いや、違う。神さまはあなたの18年間のことを無駄にはしない。モーセを見るがよい。彼は約束の地に入れなかったっていうのが申命記の結論じゃない。そうじゃなくて、モーセは顔と顔を合わせて神さまから選び出され、イスラエルをエジプトから導き出し、神さまがいかなるお方であるかを世界に知らしめた。だからあなたの働きも、その18年間を閉じようとする今の状況でそんなことでは決まらない。」そのように伝えることができました。私たちもまた、自分でも困ってしまうような罪の中に入り込んでしまうことがある。「どうしてまたこんなみじめな状況なんだろう」と思うこともある。でも、その一瞬があなたの人生を総括するのではない。自分で自分の人生を総括する必要もない。そういう意味では、死ぬ前にこれだけのことをやっておこう、あれだけはしなければ、とあまり頑張る必要はない。神さまがあなたの人生を総括してくださって、そこからあなたにも信じられないような良きものを生み出してくださいます。

モーセが死んでしまったイスラエルは大丈夫だったのかなと思うわけですけれども、34章9節にこうあります。

「ヌンの子ヨシュアは知恵の霊に満たされていた。モーセがかつて彼の上にその手を置いたからである。イスラエルの子らは彼に聞き従い、**主**がモーセに命じられたとおりに

行った。」（34・9）

モーセがヨシュアに手を置いて祈った。バトンタッチがなされていたわけですよね。私たちも、自分が人生で成し遂げたことを数え上げる必要は全くない。私たちが愛した愛、注いだ犠牲、それはどこかで誰かの上に実を結んで行く。そのことは神さまに委ねて、いのち果てるまでの間、今日も私たちは置かれた場所でていねいに愛を注ぎます。いのち果てた、その後も、神さまと私たちは離れることがないのです。

短く一言祈ります。

恵み深い天の父なる神さま、この朝、モーセの全生涯を通してあなたはモーセをいつも抱きしめておられ、最期は胸の中で全うさせてくださったことを覚えてありがとうございます。私たちもあなたの胸の中で、本当にあなたを愛します、喜びます、あなたに仕えます。どうかその歩みを支えてください。

尊いイエス・キリストのお名前によってお祈りいたします、アーメン。

焚き火を囲む校正者のおまけ集――解説に代えて

山田風音

死を超えるいのち

「私たちは先に召された愛する人々とともに、聖餐に与るのだ」ということを聞きながら、カトリックの友人が言っていたことを思い出していました。カトリックでは使徒信条で「聖徒の交わり」と言うとき、聖人をはじめ亡くなった方々をも想起するそうです。私はそれまで「亡くなった方との連帯」をあまり意識したことがなかったので、なるほどと目が開かれるような思いでした。聖餐の度に、目に見える兄弟姉妹だけではなく先に召された方々をも覚えるなら、また違う景色が見える気がします。まさに特大家族の食卓ですね。

「脇役なのだからいつもいつでも素晴らしいことをしようとしないで」という言葉には

ハッとさせられました。ああ、知らず知らずのうちに大きなこと、目に見える業績、みんなが「素晴らしいね」と認めてくれることをしようと躍起になり、小さなことがズルズルと置き去りにされてしまいます。イエスさまは「小さなことを上手くやる人は」ではなく「小さなことに忠実な人は」と語られた。その事実が深く心に留まります。

神さまの世界

以前、保育士として働いていたので「安心感」を与えることの大切さを実地で学びました。「この保育者は安心だ。ちゃんと受け止めてくれるし、見守ってくれる。本当にダメな時は本気で怒ってくれるし、困った時は助けてくれて、一緒に笑ってくれる」って実感できれば、子どもはそれぞれのペースですくすくと成長していく気がします。そんな保育者でいられるように、日々祈りながら働いていました。保育室で聖書の話をしたりしたわけではありません、でも「神さまの胸の中で生きる」ことのほんの一端でも経験させてあげることが使命だと思っていました。そして不思議なのは、そうやって保育士として子どもたちと過ごす中で、私にも神さまの「大丈夫」が実感できるようになってきたことです。この説教を聞いて「神さまの『大丈夫』がわからない」と悩む親御さんがいれば、それこそ「大丈夫」と声をかけたいです。「子どもたちと一緒に大丈夫を体験させていただけますよ」ってお伝えしたいです。

「どうして聖書を読むのか。」最近、このことをよく考えるんです。私たちはどうして聖書を読むんだろうか。小さな子どもに尋ねられたら、どう答えるんだろうかって。「聖書を読むと神さまが分かってくるんです。あなたがどれほど神さまに愛されているかが分かってくる。」何度でも立ち返るべき答えがここにあると、ハッとさせられました。私たちはすぐに、聖書知識を得て他の人よりも自分を優位に置くため、あるいは論理を身につけて安心するため、神さまに「ちゃんと読んでますよぉ！」ってアピールするために読んじゃう。聖書の時代の人々でさえそうでしたから、人間の悲しい習性かもしれません。でも先輩とともに、改めて声を大きくして言いたい。「聖書はワクワクするような神さまとの出会いの書！　温かな神の愛の温泉！」

尽きることのない愛

「王さまの一番大事な仕事は、毎日聖書を読んで神さまの大きな愛を思い起こし続けることで自分自身とその国の人々の心を守ること。」まず自分の心をみことばに結びつけるため、そして周りの人々を縛るためではなくて守るために、みんなを本当の自由に解放するために日々聖書を読む。当時、律法の巻物は誰でも触れられるものではなかったでしょう。現代、聖書自体はネットでいつでも誰でも読めます。でも、そこから神さまの愛へのアクセスを持つ人は、残念ながら決して多くないかもしれません。私も神さまの胸をすぐに離れて、冷たい眼差しで聖書を読む人になってしまう。王のように、自分自身と周りの人々の心を守るために聖書を読みたいものです、一生をかけて。

律法の祭司の話というと、牧師や教職者を支えるというふうに語られることが多い気がしていましたが　、先輩がそうではなくて「神に養われ、執着せず、自由に安心して生きていける私たち」という観点で語ってくださったのは新鮮でした。そして、心配せずに神さまに仕える姿を見せる人になるように招かれている。私も転職したり起業したり引っ越ししたり、自由に生きてきたつもりです。そしてその過程で、確かに養ってくださる神さまを体験させていただきました（起業直後、一番お金がなかった時に玄米30キロ頂いたり）。でも、ここから先は大丈夫だろうかと心配になります。弱いです。不安にくじけそうになります。でも、どんな立場であろうと、神さまと生きることを喜び、人生そのものを礼拝としていく。先輩の説教を聞きながら、あらためてそんな励ましをいただきました。

逃れの町

たぶんこの説教集で逃れの町の話が出てくるのは三回目ぐらいじゃないかと思いますが「あぁ、この話もう聞いたわ」ってならないのが不思議です。写真で例えればライティングの違いなのだろうと思います。同じものを撮るのにも光源の種類や色、距離を変えることで全然印象が変わります。先輩は「旧約を新約の光で読む」ことに徹しておられますが、毎回「光源」が結構斬新だなあと感じます。聖書の奥行きを身読し、そこに溺れることを楽しんでおられる先輩の姿にいつも励まされます。

成長について語る段になって先輩の語気が強くなるのを、文字越しでさえ感じました。「それは間違いだと思います。」「それを一生繰り返さないでください。」それはイエスさまの思いなのだろうなと受け止めています。キリストに似た者として成長するということは、単なるお題目ではなく、言葉の綾でもなく、日々の言動や小さな選択、試行錯誤の中で神さまに毎日逃れながら学ぶこと。それを一人ひとりに実地で理解してほしい。主イエスがそのことを本当に強く願っておられると示されている気がします。その思いに心から応えたい、失敗してでも応えていきたい、まず私が。

恐れてはなりません

結婚前にある方がこの箇所を示しながら「一年目は仕事より『結婚すること』に集中しなさい」と忠告してくださいました。結婚を機に拠点を移したこともあり仕事のペースをかなり抑え、教会などの責任も一度解いていただき、奇しくもコロナも重なり「結婚を最優先」を心がけました。結婚関係に生きることを座学ではなく実地で学ぶ時間でしたし、また妻の方が私よりずっとお給料がよかったので「男たる者、妻を支えなければ顔が立たん！」みたいなつまらないプライドも取り扱っていただきました。今振り返って、この期間に主が私たちの土台を据えてくださったのだと思います。

イエスこそ「真の聖絶」を成し遂げてくださったというのは目からうろこでした。「聖絶」という言葉に対して初めて心から「アーメン」と言えた気がします。先輩が説き明かしてくださったような聖絶の意味に目を開かれたなら、私も容赦ある者でいたくないと思います。

イエスが憎まれるものを憎む者でありたいと願います。それも神の愛に生きることの大切な一面だと思います。

キリストによる祝福

「誰かが誰かを殺したら、神さまは共同体にも責任があるとお考えになる」と語られるのを聞いて「ああ、なるほど」と納得すると同時に、息をするぐらい無意識に自己責任論を生きている自分の姿があぶり出される気がしました。自分が責任を取りたくない時だけ「自己責任」を持ち出し、行動しない言い訳に「和をもって尊しとなす」と共同体を持ち出そうとする……。まさに「地を汚す」白く塗った墓。ただそんな私でも、最近聖書を読む度に「あなたがた」ということばが気になるようになりました。その点を意識すると今まで思っていたのと全然違う意味が見出されることを、日々体験しています。

先輩の説教のよいところは、折々の時事をみことばのレンズを通して見せてくださることだなと思います。しかも、それを私たちの生活場面に引き寄せて。「中村医師を見て『あの人は特別な人で……』などと言ってはならない。……私たちにも同じ祝福が……すでに与えられているのです。」すぐに誰かと比較し、自分は無力だと信じ込んでしまう聞き手の心をよく見ておられるのだなと思います。心を見て語る説教者に聞く聴衆の幸いを覚えます。

それにしても、先輩はきっと中村医師やローマ教皇から、何か「神の体臭」を嗅ぎ取っておられるようです。神のなさることへの嗅覚がそれだけ鋭敏なのだと思います。私もずっと神さまと一緒にいれば嗅ぎ分けられるようになるでしょうか。

知らないふりをしてはいけません

「想像力」という言葉が心に浮かびました。脱走牛や迷走羊を見たとき、忘れられた上着を見るとき、あるいはトイレに財布やスマホが置きっぱなしのとき、「ああ、持ち主は気がついたらどんなに動揺するだろう」とか「このままにしとくと悪い人に盗まれちゃうかもしれない」とか、その人の立場に立って考える想像力を養いなさいと言われてる気がします。英語では「他人の靴を履く」という表現もあるそうですが、イエスさまは靴どころではない、人のいのちそのものを履いてくださった。だから同情してくださる（ヘブ4・15〜16）。そのイエスさまにならい、従う。想像力を用いて愛するように召されているんだなと思います。

どこかで「信仰に知識は不要、徹底して考えることは不要」という変な雰囲気がある気がしています。でも、よく考えることが必要。情だけではなく「理」でも愛していく。優劣をつけて比較し合うためでなく、何か偉ぶるためでもなく、「愛するために」神さまは私たちの知性を造ってくださったのだと思うと、何だかワクワクしてきます。その知性って別に「東大に入る」みたいな知性ではなくて、「この人が気持ちよく座れるために、どんな言葉で席を譲るのがいいかしら」って思い巡らす、そんな知性ですよね。

観念的、抽象的な信仰ではなくて具体的な言動を伴う愛に生きる。それが申命記、そしてキリストが教えていること。教えているだけではない、可能にしてくださった。そんな励ましをいただきました。

神さまの宝もの

一読して「ああ、説教の現場に居合わせたかった」と思いました。藤井理恵牧師の記事に出てくる「排泄」ということを手がかりに、信仰者であろうとなかろうと抱える暗闇の深みへと降りていく。でもその時に、聞き手の心の闇を無理矢理に切り開いて暴くのではなくて、むしろ先輩ご自身が私たちに先行してご自身の闇を認めていかれる、そんな印象を持ちました。その時の空気感が、その場にいたお一人おひとりに深い印象を与えずにはいなかっただろうと思います。そして、そこにイエスご自身がおられた。「礼拝は出来事である」ということの一端を、私も文字を通して少し味わわせていただいたような気がします。

いのちを選びなさい

これまでずっと先輩が「神の胸の中で生きる」ということを語り続けてこられましたが、「木や石でできた冷たい偶像」との対比によって私の中で今まで以上にイメージが深まりました。なるほど、生きたあたたかさをもたないものが偶像と言えるのかも知れません。木や石の彫像だけではありません、人間の感情や温もりを置き忘れてしまったような経済システムや価値観、支え合うと言うよりも監視し合うような日本の文化（空気）も冷たい偶像。いや、聖書自体も、そこに神の胸のあたたかさを感じ損なうなら冷たい偶像になり得ます。「えらべ、聖書を」でも「えらべ、教会を」でもない、「えらべ、いのちを」なのですね。

神さまに心臓があるかどうかという神学的には危ない橋を渡りながら（！）、それでも必死にいのちとしてのみことばを読むことを伝え続ける、それが先輩の説教の鍵となっているような気がします。そして私もそのように、みことばからキリストのいのちを読み続けたい、食べ続けたい、そしてそれを誰にでも求める人に大盤振る舞いするパン屋でありたいと祈ります。

強く、雄々しくありなさい

私も「ガンバリズムっぽくて苦手なみことば」だと思っていたので「力づけられ、励まされよ」とは目からうろこでした。確かに本当の強さ、本当の勇気とは目をつむって周りに流されて崖に飛び込んで行くようなことではなくて、その中にあって自分の恐れや不安と静かに向き合いながら神とともに生き、凛《りん》として愛を貫くことでしょう。あるいは白黒つかない複雑で不安定な状況の中で、これでいいのだろうかともがきながらも愛することを模索し、失敗してもその結果を引き受け、もう一度挑戦することでしょう。

先輩は「いつもの愛のささやき」と言われました。この一言に「神のことばに聞き続ける」ということが意味する豊かな感情と恵みがギュッと凝縮されている気がして心が震えました。主は「いつも」語ってくださる。遠くから叫ぶのではなく、冷たい命令でもなく、ささやきの距離感。そしてそのささやきは、私たちを日々生かす愛。イエスもこのささやきを父から日々聞きながら、力づけられ、励まされて、愛の生涯を全うされたのだと、心に思い描きます。それが取り去られることがどれほどの痛みであったか。私も「いつもの愛のささやき」を感じる度に、そのために見捨てられてくださったイエスを覚え、賛美する者でありたいと思います。

癒やしの神

偶像礼拝とは神を矮小化すること。その時に神は悲しまれる。でもそれは「わたしの顔に泥を塗ったから、神としてのメンツを潰したから、わたしの権威を地に落としたから」という以上に、先輩のお語りになるのを聞いていると「このわたしの愛が通じないから、受け入れられないから」悲しまれる。それが不正だからということ以上に、私たちへの愛ゆえに悲しまれる。その違いはものすごく大きい気がします。

世間体、建前、面目を重んじる日本人には「愛ゆえの悲しみ」はなかなか実感としてわかりにくいのかも知れません。気をつけていないとつい「頑固親父的神」のイメージを読み込んでしまう。もしかしたらそれも神の矮小化の一パターンかも知れません。もちろん「愛の神」を侮ってたんなる「都合よく甘やかしてくれる神」を心に思い描くのも矮小化でしょう。愛の神は、本当に私たちには見えないほど、理解できないほど大きな愛で私たちを愛してくださるお方。それがわからないからと自分のサイズに神を小さくしないで、神がご自身をギュッと凝縮してくださったイエスに目を留める。

イエスというレンズを通して申命記を見るとき、本来は私たちなんかにはとても理解し得ないほど大きく深い愛の神が、私のかたわらで「大丈夫だ、ともに進んでいこう」と語りかけてくださるのに気がつく。ふと振り返ると申命記講解はそんな旅路です。

いのち果てるまで

先輩が語られた神さまのモーセへの愛は、私の中ではイエスさまのペテロへの愛に重なりました。最後の晩餐の席で「私は他の弟子たちなんかとは違うんだ」と大口を叩いておいて、結局他の弟子同様にイエスさまを裏切ったペテロ。ガリラヤ湖畔の焚き火にあたりながらイエスさまは「もう一度、今度は見栄や面目のためではなくて、いい人と評価されるためではなくて、愛を動機として生きてほしい」と、三度の問いかけとその眼差しを通して語られたんじゃないかと思います。岩を打ってしまったモーセにも、きっと神さまは同じ眼差しを向け、同じように語りかけられたんじゃないか。そんな想像をします。

気がつけば人の評価の方が心配になって、失敗しないことの方を優先して、愛がするりと抜け落ちている。他でもない私の姿です。でもモーセもペテロも見捨てない、心の奥底まで深く探り触れてくださる、その同じ神さまが同伴してくださる。それが安心でもあり、また次の一歩を踏み出す勇気でもあります。

軽い気持ちから原稿起こしのボランティアを申し出て早五年。最後はスムーズな刊行の足を引っ張ってしまいましたが、先輩とともにモーセ五書の世界をここまで旅することができたのは、私にとって大きな財産です。ただたんに神に従うというところから、神への愛に心の核心を動かされて共に歩む、そんな世界へと誘っていただきました。先輩も、読者のみなさまも、私自身も、今いるところに留まることなく、もう十分と思うことなく、いのち果てるまで愛から愛へとさらに進んでいくことを心より祈ります。

（ライフストーラー企画社主）

『いのち果てるとも』あとがき

第一巻『アブラハムと神さまと星空と』の初版が2019年12月25日ですから、モーセ五書説教集全8巻が4年で、つまり半年に一冊が刊行されたことになります。このようなペースで進んだのは、ヨベル安田正人社長ご夫妻のかわらぬご尽力とともに、文字起こしと校正にあたってくださった方がたの平行作業のたまものでした。シリーズ完結にあたり、こころから感謝いたします。今回で校正役を辞される有松正治、前田実、山田風音の三氏には特別に謝意を表したいと思います。ほんとうにお世話になりました。

思えば、この4年は激動の時代であったと思います。コロナとそれにともなうキリスト教会の苦悶、ウクライナの戦争、続く自然災害など。個人的にも2022年4月からは、明野キリスト教会と京都信愛教会の両教会の牧師を兼任することになり、京都市内に居を移しました。そのほかセクシャル・マイノリティをめぐる福音派の分断を回避すべく親友・久保木聡牧師と共に「ドリームパーティー」https://dreamparty.church/を立ち上げ、超教派の交わり「焚き火塾」https://takibi-juku.kyoukai.jp/や凸凹《デコボコ》神学会の働きも進展を見せました。父敏夫が召されたのもこの期間。2020年4月14日の夜明け前のことでした。

牧師生活20年を過ぎ、説教のスタイルも少しずつ変化してきたように思います。まずは短くなりました。特にコロナ以降は、20分を切ることもあります。これはだれかに要望されたわけでもなく、自分が会衆席に座っていたらと考えた結果です。内容や表現も自分が聴きたい言葉を語るようにシフトしているように思います。それがよいことなのか、マイナスなのかはよくわかりません。ただ、用意したメモから顔をあげて、教会の仲間とアイコンタクトしながら語ることができるようになってきたように思います。

そうした変化をたどりながらも変わらないでいたいと思うのが、福音の宣言としての説教。「私があなたがたに最も大切なこととして伝えたのは、私も受けたことであって、次のことです。キリストは、聖書に書いてあるとおりに、私たちの罪のために死なれたこと、また、葬られたこと、また、聖書に書いてあるとおりに、三日目によみがえられたこと、また、ケファに現れ、それから十二弟子に現れたことです。」(コリント人への手紙第一15章3―5節)とある福音のできごと。できごとである福音。世界中で宣言される福音によって「そして最後に、月足らずで生まれた者のような私にも現れてくださいました。」（同8節）と、すべての舌が告白するために。

明野キリスト教会と京都信愛教会をズームで結び、YouTubeライブで配信する説教も、マタイの福音書を終え、今はヨハネの福音書に進んでいます。続いて横浜指路教会の藤掛順一牧師を参考にさせていただいていますが、内容はかけ離れたものになっている場合もあります。寛大に受け入れくださっていること、感謝に堪えません。これら福音書からの説教も許されれば公刊をと願っています。文字起こしや校正をしてくださる方がありましたら、どうぞご連絡をお願いします。

今回のテーマソングも奥野信二さんが作曲、川路栄一さんと共に動画にしてくださいました。楽譜起こしは多那瀬真穂さん、動画編集は川路信也さんが担当してくださいました。いずれも京都信愛教会のメンバーです。

最後に、何よりも読者のみなさまがいなければ、もちろんこのシリーズを完結することはできませんでした。どうかみなさまに聖霊が満ち、愛があふれ出すように。あふれだした愛が世界の破れを繕うことができるように。父と子と聖霊のみ名によって。

２０２３年10月1日　　　　大頭眞一

いのち果てるとも

作詞：大頭眞一　　作曲：奥野信二

1　荒野旅する　40年《よんじゅうねん》　モーセは使命　生き抜いた
イスラエル　愛して　イスラエル　とりなして
神さまの胸の中で　眠りにつくまで
神さまの愛の中で　いのち果てるまで

2　人となられた 子なる神 イエスは使命 生き抜いた
ぼくたちを　愛して　ぼくたちを　とりなして
神さまの胸の中で　十字架につくまで
神さまの愛の中で　いのち果てるまで

3　神の子なる　ぼくたちは　イエスの使命　生きていく
神さまを　愛して　仲間たち　とりなして
神さまの胸の中に　倒れ込むまで
神さまの愛の中で　いのち果てるまで

4　倒れ込んだ　ぼくたちの　イエスの使命　終わらない
神さまと　仲間たちと　愛し合う　いつまでも
神さまの胸の中で　よみがえるから
神さまの愛の中で　いのち果てるとも

YouTube でご覧ください。

いのち果てるとも

作詞　大頭眞一
作曲　奥野信二

【チームK　校正担当】

有松正治（ありまつ・せいじ）
北九州市出身。1948年生まれ。大阪府枚方市在住。妻の所属する京都府八幡市の明野キリスト教会に日曜日ごと妻の送り迎えをしていたが、退職後61歳のとき、同教会にて大頭眞一牧師より受洗。以来10年余り、現在まで同教会の教会員。母、妻と三人暮らし。一男一女、孫が二人。趣味は俳句。

前田 実（まえだ Morrow みのる）**【写真も担当】**
最初の誕生日：1953年7月、三重県鳥羽市にて母の第三子出産記念日。二番目の誕生日：1993年12月、日本福音ルーテル知多教会にて明比輝代彦牧師より受洗。三番目：2016年9月、心室細動にて心停止後蘇生。1999年パソコン通信の仲間たちと超教派賛美CD『UNITY』をヨベルから発行。2014年日本イエス・キリスト教団知多教会に転会。

【さし絵】

早川かな（はやかわ・かな）
LGBT当事者として教会生活の困難さを経験した後、性的少数者クリスチャンを支援する「約束の虹ミニストリー」と出会う。誰もが喜んで集える教会を目指し、虹ジャムの司会やセミナーなどを通して活動中。

Bless（ブレス）奥野信二（左側）と川路栄一（右側）によるデュオ。「全地よ神にむかって喜び呼ばわれ、そのみ名の栄光を歌え、栄あるさんびをささげよ。」この御言葉が与えられ、2004年7月誕生。趣味であった音楽が教会賛美へと。オリジナルの曲を含め礼拝中のワーシップタイムで賛美をささげている。楽譜作成はMaho（たなせ・まほ、写真中央）。

協力者の方々のプロフィール

解説と校正：山田風音＆みぎわ（やまだ・かずね&みぎわ）
愛知県生まれ、新潟市在住。九州大学芸術工学部卒業後、豪州短期宣教師を経て保育士・幼稚園教諭として働く。クリスチャンシェアハウスの管理人（チャプレン）や自分史出版を手がける「ライフストーラー企画」の運営を経て、2023年より有限会社デイリーブレッドのエクゼクティブディレクター。会衆を困惑させる奏楽者でもある。
みぎわ：新潟出身の父と秋田出身の母を持つ米どころハーフ。新潟聖書学院聖書課修了。保育士・幼稚園教諭。星野源の大ファンだったが、現在新しい「推し」探し中。

説教集協力者
【チーム O　文字起こし担当】

鈴木佑子（すずき・ゆうこ）
1952年渋谷区生まれ。1980年日本基督教団田園調布教会にて受洗。1982玉川学園女子短期大学卒後、学校法人ゆかり文化幼稚園に奉職。舞踊を宮操子、PIANOを松島つね、安倍正義、鷲見五郎に師事するも全くものにならず……子どものための舞踊劇、オペレッタの指導に熱中。聖歌隊は中学3年からコロナ前まで孫の誕生に触発されて保育士の資格を取得現在は社会福祉協議会の依頼でファミリーサポーターとして家庭訪問、子育て相談に携わる。2022年より熊谷教会からICU教会へ転籍。趣味：JAZZ VOCAL。

Solae（ソラ）
聖霊に満たされるメッセージ……AIがどれ程発達しても、出来ないことだと思うのです。大頭先生のメッセージを文字起こしご奉仕をするたびに感じることです。アスランの息吹きを受けるような作業チーム一員であることを感謝します。

ほか匿名1名。

大頭 眞一（おおず・しんいち）
1960 年神戸市生まれ。北海道大学経済学部卒業後、三菱重工に勤務。英国マンチェスターのナザレン・セオロジカル・カレッジ（BA、MA）と関西聖書神学校で学ぶ。日本イエス・キリスト教団香登教会伝道師・副牧師を経て、現在、京都府・京都信愛教会 / 明野キリスト教会牧師、関西聖書神学校講師。
主な著書：『聖書は物語る』（2013、2020[7]）、『聖書はさらに物語る』（2015、2019[4]）、共著：『焚き火を囲んで聴く神の物語・対話篇』（2017）、『アブラハムと神さまと星空と　創世記・上』（2019、2020[2]）、『天からのはしご　創世記・下』（2020、2022[2]）、『栄光への脱出　出エジプト記』（2021）、『聖なる神 聖なる民　レビ記』（2021）、『何度でも 何度で 何度でも 愛　民数記』、『えらべ、いのちを　申命記・上』、『神さまの宝もの　申命記・中』（2023 以上ヨベル）、『焚き火を囲んで聴く神の物語・聖書信仰篇』（2021 年、ライフストーラー企画）、『焚き火を囲んで聴くキリスト教入門』（2023 年、いのちのことば社）
主な訳書：マイケル・ロダール『神の物語』（日本聖化協力会出版委員会、2011、2012[2]）、マイケル・ロダール『神の物語　上・下』（ヨベル新書、2017）、英国ナザレン神学校著『聖化の再発見 上・下』（共訳、いのちのことば社、2022）

ヨベル新書 091

いのち果てるとも　申命記・下

焚き火を囲んで聴く神の物語・説教篇（8）

2023 年 11 月 10 日 初版発行

著　者 ── 大頭眞一
発行者 ── 安田正人
発行所 ── 株式会社ヨベル　YOBEL, Inc.
〒 113-0033 東京都文京区本郷 4-1-1-5F
TEL03-3818-4851　FAX03-3818-4858
e-mail：info@yobel. co. jp

印刷 ── 中央精版印刷株式会社
装幀 ── ロゴスデザイン：長尾 優
配給元─日本キリスト教書販売株式会社（日キ販）
〒 162 - 0814　東京都新宿区新小川町 9 -1　Tel 03-3260-5670
　ISBN978-4-909871-93-0 C0216

【本のひろば２０２３年７月号再録】

「カルトにならない聖書の読み方」!? にも使える愛の説教集

大頭眞一著　「焚き火を囲んで聴く神の物語・説教篇７」

神さまの宝もの ―― 申命記・中

評者：齋藤　篤

新書判・232頁
定価1,210円
（税込）

ヨベルの安田社長から、『本のひろば』への書評を依頼されたとき、真っ先に思い浮かんだのが「なぜ私に？」というものでした。そして評するのは、「焚き火牧師」と私が勝手に名付けている、大頭眞一氏の説教集シリーズの最新刊でした。

『焚き火を囲んで聴く神の物語・説教篇（7）神さまの宝もの　申命記・中』には、大頭氏が伝道牧会をされる京都のふたつの教会で取り次がれた、モーセ五書の連続説教が収録されています。説教だけではありません。校正者による解説、賛美の楽譜や歌詞、協力者たちの顔写真、しまいには前巻の書評まで掲載されているではありませんか。私のなかで「実に不思議な牧師」と映り続けていた大頭氏の気迫というものがじんじんと伝わってきます。

そして早速手に取って読んでみました。ああ、なるほど、そういうことか。なぜ私に書評依頼が来たかということがよく分かりました。本書はまさに、私が書評を書くにふさわしいかどうかは別として、レビューしたくなる一冊だったのです。

申命記というと、モーセ五書、つまり律法のなかで、もっとも「律法くさい書」だと私はとらえています。律法くさいとは具体的に、いわゆる「律法主義」に人々を引き込んで巻き込み、振り回すことができてしまうということです。「祝福か呪いか」などという究極な選択は、「救いか滅びか」「従順か不従順か」と言葉を変えながら、ついには人間が人間をゆがんだ支配の渦に巻き込んでしまうきらいすらある。律法主義とはそのような危険性を十分に含んでいると私は考えています。

私は「カルト宗教対策」をライフワークとしている者ですが、それは私の向こう側にある、社会悪をもたらす団体に向けての対策もさることながら、私たち自身がゆがんだ支配をもって他者を振り回すことのないよう、自戒を込めながら啓発することも大切な活動であると思っています。そういう意味で言えば、キリスト教の場合、いかに健全な聖書の読み方ができるかということが、とても重要なポイントになります。

大頭氏の申命記理解、おそらく聖書全体に対する理解は、呪いとか滅びとかそういうものではなく、「神の愛」がしっかりと基盤にある。それも神の愛を、さも自分自身が神になったかのように振舞うための材料にしない。人を掟で縛らない。むしろ愛の泉で包み込む神の姿を、繰り返し取り次ぎ続ける大頭氏による説教は、まさに「カルトにならない聖書の読み方」そのものであり、カルト対策本としても十分に用いることのできるものです。

私事ながら、勤務する日本基督教団東北教区センター・エマオで開講している「カルトにならない聖書の読み方」の教材として、是非大頭氏による説教集を用いたいと心から願わされた次第です。そして、その前に『焚き火を囲んで聴く神の物語』シリーズを買いそろえて読んでみたい。そんな欲求に駆られたのでした。

(さいとう・あつし＝日本基督教団仙台宮城野教会牧師、同東北教区センター・エマオ主事)

ヨベルの既刊書（税込）

日本イエス・キリスト教団 京都信愛教会牧師 大頭眞一

聖書は物語る 一年12回で聖書を読む本

正木牧人氏・評（神戸ルーテル神学校校長）本書の用い方を考えてみた。牧師が一般の人々に案内し教える。牧師が自分の学びのために用いる。神学校などの教材としては本書はちょうど1学期間で学べるよい長さだ。夫婦で学ぶ。高校生に教養として教える。大学生のサークルで学べる。教会学校の先生が聖書全体の流れを本書で把握するのもよい。

《電子書籍》発売中 A5判・一一二頁・一二一〇円（一一〇〇円＋税）ISBN978-4-946565-84-7

聖書の学び会のテキストや教科書として多くの方々に使用されています。

大頭眞一

聖書はさらに物語る 一年12回で聖書を読む本

工藤信夫氏・評（精神科医）人々は恐らくベストセラーである聖書を知りたい、読みたいと願っている。にもかかわらず〝これまでのキリスト教〟は、なにか人々のニーズに応えかねているのではないだろうか。聖書を「神の物語」と捉えていることは興味深い。

《電子書籍》発売中 A5判・一一二頁・一二一〇円（一一〇〇円＋税）ISBN978-4-907486-19-8

マイケル・ロダール著 大頭眞一訳 **《電子書籍》準備中！**

神の物語 上・下

各一五四〇円（一四〇〇円＋税）

ヨベル新書043・三二〇頁 ISBN978-4-907486-19-8

ヨベル新書044・三〇四頁 ISBN978-4-907486-19-8